LA GLORIOSA Y PERFECTA
SENDA DE VICTORIA

ERICK LUNA

UN CAMINO ILUMINADO
POR LA GRACIA Y EL
AMOR DE JESUCRISTO.

Publicado por
Amazon

© 2023 Safe Creative
Primera edición: 2023

Información de la obra

Título Senda de Victoria
Un camino iluminado por la gracia y el amor de Jesucristo.
Tipo de obra Literaria: Otros
Etiquetas: Victoria, Oración, Evangelio, Ayuno para Dios
Tags: Victory, Prayer, Gospel, Fasting for God

Información de registro en Safe Creative

Identificador: 2311166139809
Fecha de registro: 16-nov-2023 18:33 UTC
Licencia: © Todos los derechos reservados

Declaraciones de autoría y derechos inscritas

Autor/ Titular: Erick David Luna Rivera. Fecha 16-nov-2023.
Prólogo: Eduardo Rolando Barahona Rivera. Fecha 16-nov-2023.
Información disponible en: https://www.safecreative.org/work/2311166139809-senda-de-victoria

Dedico este libro a mis amigos: Miguel Estrella, Moisés Poveda y Livington Triviño; a mis compañeros de carrera universitaria y a la juventud valiente que va en búsqueda de la senda de victoria.

AGRADECIMIENTOS

Agradezco, en primer lugar, a Dios por su amor incondicional, guía constante, sabiduría y las bendiciones que iluminan mi camino. En Él encuentro la inspiración para escribir cada parágrafo de victoria.

A mi amada madre, mi mayor defensora en esta tierra, quien me apoya constantemente y me anima a perseguir mis sueños.

A mi amada abuela, porque, aunque su presencia física haya dejado esta tierra, su amor y sus enseñanzas perduran en mi corazón.

«La oración y el ayuno no son prácticas opcionales, sino necesidades esenciales en nuestras débiles vidas».

— *Yiye Ávila*
El ayuno del Señor

Contenido

PRÓLOGO 13
INTRODUCCIÓN 15

Devocionales

1 – MIS AMADOS Y VALIENTES GUERREROS 17
2 – ¿VIDA O MUERTE? TÚ DECIDES 19
3 – JOVEN, CUIDA TU PUREZA 21
4 – «TALITA CUMI» 23
5 – DESPÍDETE DE LODEBAR 25
6 – UN MUNDO APARENTEMENTE «LIBRE» 27
7 – EL PELIGRO DE LAS MALAS INFLUENCIAS 29
8 – UN ESPÍRITU QUE INSPIRA 31
9 – LA RELEVANCIA DEL EVANGELIO 33
10 – EL DIOS QUE PREVALECE 35
11 – PRIVILEGIADOS 37
12 – FIRMES EN LA LIBERTAD 39
13 – UN ESPÍRITU COLMADO DEL ESPÍRITU SANTO 41
14 – JESUCRISTO, EL AMIGO QUE ME HACE BIEN 43
15 – LA VERDAD Y SU MENSAJE LLENO DE «LOCURA» 45
16 – CUIDANDO EL ESPÍRITU CON ALIMENTOS SAGRADOS 47
17 – DIOS HABLA CON AMOR, PERO SU PUEBLO NO QUIERE ESCUCHAR ... 49
18 – LLAMADOS A SER PORTAVOCES DEL EVANGELIO 51
19 – EL TESTIMONIO DEL VERDADERO AMOR 53
20 – EL GESTO QUE LE AGRADA A DIOS 55
21 – ENAMORAR AL HOMBRE PARA CRISTO 57
22 – EL VERSÍCULO MÁS TRISTE DE LA BIBLIA 59
23 – LA MAGNÍFICA PRESENCIA QUE ME ACOMPAÑA SIEMPRE 61
24 – LA PAZ QUE EL MUNDO NECESITA 63
25 – ¿DE QUÉ ATEMORIZARNOS, SI DIOS ES NUESTRA FORTALEZA? ... 65

26 – EL DIOS DE LA BIBLIA 67
27 – EL ENFADO NO ES LA SALIDA 69
28 – DEL PROCESO TRANSITORIO AL TRONO INMORTAL 71
29 – EL TEMOR DEL DIABLO 73
30 – LA FIDELIDAD DE JEHOVÁ ES PARA SIEMPRE 75
31 – LA PETICIÓN DE ELISEO 77
32 – «DAME DE BEBER» 79
33 – EL PODER DE LA ALABANZA 81
34 – EL VERBO INCLUIDO EN NUESTRAS ORACIONES 83
35 – JESÚS HECHO CARNE, DIFERENTE AL HOMBRE NATURAL 85
36 – TOMA UN DESCANSO AL FINAL DE TU JORNADA 89
37 – UN PRÍNCIPE EN TIERRAS EXTRANJERAS 91
38 – UN LADRÓN QUE SUPO QUIÉN ERA JESÚS 93
39 – «JESUCRISTO ME HIZO LIBRE» 95
40 – DIOS TE CREÓ; ÉL TE CONOCE PERFECTAMENTE 97
41 – ¿CUÁL ES LA VERDADERA RELIGIÓN? 99
42 – HABITANDO EN UN MUNDO CIEGO Y TERCO 101
43 – DIOS DE MI INFANCIA; DIOS DE MI JUVENTUD; DIOS DE MI VEJEZ 103
44 – LA CLAVE PARA NO PERECER 105
45 – VOLVEREMOS CON ALEGRÍA 107
46 – MÁS QUE UN LIBRO 109
47 – DE VISITA EN ESTA TIERRA 111
48 – ¡CRISTO NO ESTÁ MUERTO! 113
49 – DIOS ES LUZ Y VIDA 115
50 – «ARREPENTÍOS, PORQUE EL REINO DE LOS CIELOS SE HA ACERCADO» 117
51 – «TARDOS DE CORAZÓN PARA CREER» 119
52 – DIOS SIGUE SIENDO DIOS 121
53 – DIOS PROTEGE A SU PUEBLO 123
54 – AÚN HAY ESPERANZA 125
55 – SITUACIONES CONTROLADAS POR DIOS 127
56 – ¿QUÉ DAÑO TE HA HECHO DIOS? 129

57 – TODO TIENE SU TIEMPO 131
58 – JESUCRISTO, EL ÚNICO SALVADOR 133
59 – PRESÉNTALE EL EVANGELIO AL INCRÉDULO 135
60 – ¿ESTÁS HACIENDO LAS COSAS BIEN? 137
61 – «A PESAR DE TODO, HOY NO FUE UN MAL DÍA» 139
62 – NUNCA TE OLVIDES DE QUIÉN ERES 141
63 – ¡EL GOZO INCOMPARABLE DE SER CRISTIANOS! 143
64 – LA MEJOR OBRA QUE DIOS HA HECHO EN MI VIDA 145
65 – JESUCRISTO ESTÁ PRESENTE EN NUESTRA BARCA 147
66 – AL PECADO DILE «NO»; A DIOS, «SÍ» 149
67 – SEGÚN LA BIBLIA, ¿QUÉ ABORRECE DIOS? 151

Temas para predicar

1 – MOTIVOS QUE TE IMPIDEN SEGUIR A DIOS 155
2 – DE MUERTE A VIDA: UN SOLO CAMINO 159
3 – ¿QUIÉN ES DIOS? 163
4 – HERRAMIENTAS PARA BATALLAR CONTRA EL PECADO 167
5 – ¿QUÉ DEBEMOS HACER PARA GANARNOS LA GRACIA DE DIOS? 171
6 – ¿CÓMO ROMPER LAS CADENAS DE ESCLAVITUD? 175
7 – EL VALOR DEL AYUNO 179
8 – COMPRENDIENDO LA CRUCIFIXIÓN DE JESÚS 183
EPÍLOGO 187

PRÓLOGO

Erick Luna, desde su temprana juventud abrazó la fe cristiana con un entusiasmo inmutable. A sus quince años dio un paso que cambiaría su vida para siempre: aceptó a Jesús en su corazón. Desde ese día se ha propuesto alcanzar la meta más grande de todo seguidor de Cristo: conquistar el cielo. Son pocos los que se atreven a tomar la mano de Jesús y empezar a transitar por las sendas de la vida; especialmente, son pocos los que invierten su juventud en los excelsos atrios de nuestro Padre.

Su pasión por predicar el Evangelio es evidente en cada palabra de este libro, y los que hemos tenido el placer de escucharlo podemos testificarlo. Se ha dedicado a compartir la Palabra de Dios, y su pasión por ver a una juventud postrada delante de Dios crece constantemente. Esa incansable búsqueda de métodos innovadores para transmitir el mensaje de Jesucristo es una inspiración para todos nosotros. No importa si es un libro, una aplicación móvil o un altar, como seguidores de Cristo, debemos predicar el Evangelio con vehemencia y amor.

Erick es consciente de su imperfección como ser humano, por ello busca continuamente el camino de Jesucristo, dispuesto a seguirlo con valentía y humildad. Nos menciona que el amor de Jesucristo nos sostiene, sin desmayar por los errores que podamos cometer. La devoción, la pasión por el ayuno y el inquebrantable deseo de acercar a la juventud a Dios son virtudes que merecen reconocimiento y admiración. Mediante este libro nos exhorta a mantener una relación ardiente y sincera con Dios, manteniéndonos en constante oración y predicando el Evangelio.

«Senda de Victoria» es un reflejo de la búsqueda asidua de ejercer eficazmente la misión de la evangelización estipulada por Jesús en Marcos 16:15; de la misma manera, es la exploración de la redención y la victoria en Cristo, la senda que solo los valientes se atreven a explorar.

Que las palabras de este libro resplandezcan en tu camino espiritual y que, como Erick y yo, encuentres la fortaleza para seguir a Jesucristo en cada paso que des.

Con gratitud,

Eduardo Barahona

INTRODUCCIÓN

Mientras exploraba las diversiones efímeras de este precario mundo, me encontré con las puertas que dirigían a una senda iluminada. Fue cuando percibí una transformación radical en cada persona que entraba y decidía transitar por esta senda. De repente, me dieron ganas de ingresar y explorar por qué las personas decidían entrar por ese camino donde la oscuridad pasa a ser luz.

Yo, una persona rodeada de tinieblas y oscuridad, puedo testificar que de inmediato la lobreguez pasó a ser luz cuando empecé a peregrinar esta senda. Con el tiempo vislumbré que la victoria en este camino está en la gracia de Cristo, misma gracia que nos ilumina constantemente.

«Senda de Victoria» es una colección de devocionales y enseñanzas bíblicas basadas en algunas de las publicaciones en mi aplicación para Android «Aprendizaje bíblico», aplicación que tiene como eslogan: «Un camino lleno de luz». Esta idea de coleccionar redacciones cortas y enseñanzas eficaces en un libro nace con la misión de seguir evangelizando a los jóvenes desde otro medio. El objetivo es prorrumpir la Sana Doctrina a quienes les apasiona la lectura.

Es importante mencionar que cada escrito está cimentado en pasajes bíblicos determinados que tengan una connotación con el mismo, dejando como principio fundamental la devoción diaria con Dios. Es por ello por lo que te aconsejo que tengas una Biblia abierta a tu lado, para que leas las bases de cada devocional, pues es importante que avives diariamente tu relación con Dios. Cada base bíblica es importante para tu crecimiento espiritual.

En las páginas que siguen, te invito a embarcarte en un viaje espiritual por la Senda de Victoria. Este camino de luz es esencialmente un viaje cercano a Jesucristo, una búsqueda de propósito y realización más allá de las limitaciones terrenales. A través de las palabras expresadas en cada bloque de texto de este libro, los invito a estudiar los enigmas de la fe, la esperanza y el amor de Dios, esto es fundamental para descubrir cómo la guía y la presencia de nuestro Salvador iluminan nuestros caminos más oscuros y nos lleva a la victoria espiritual.

Este libro es un hermoso y oportuno recordatorio de que, en la búsqueda de la senda de victoria —a través de nuestra devoción diaria con Jesucristo—, encontraremos un refugio espiritual, pues la fe es nuestra fortaleza y la oscuridad siempre se disipa ante la luz eterna de nuestro hermoso Salvador.

Toma tu Biblia y déjate ministrar por el Espíritu Santo. Quiero que comprendas que un compromiso con Dios es más importante que un compromiso con el hombre, así que, para obedecer al Rey, primero hay que escucharlo. He aquí un medio por donde Dios te hablará y te llamará a sentarte en su mesa. ¿Te animas a escucharlo?

1 – MIS AMADOS Y VALIENTES GUERREROS

> En lugar de juzgar la apariencia, debemos inspirarnos en la valentía de aquellos que difunden el Evangelio a pesar de enfrentar persecución constante.

Poco se habla de nuestros valientes guerreros que afrontan persecución en los países de Medio Oriente. ¿Acaso alguien protesta por eso? ¿Cómo es posible que algunos miren hacia otro lado mientras los cristianos son asesinados por defender sus creencias? ¿Acaso la violencia brutal contra nuestros hermanos cristianos, que valientemente defienden su fe, no merece una respuesta contundente?

Escucho diariamente cómo las instituciones gubernamentales aprueban leyes que van en contra de los preceptos santos de la Biblia, pero ¿cuándo veremos un cambio real en la protección de aquellos que se enfrentan a la persecución por su fe? ¿Acaso nosotros y nuestra fe no tenemos valor suficiente para tener algún respaldo?

Y nosotros, ¿cuándo dejaremos de enfocarnos en cómo viste nuestro hermano? ¿Cuándo abandonaremos la perspectiva legalista de observar a una persona si usa o no «ropas cristianas»? Es lamentable ver cómo hemos estereotipado el Evangelio de acuerdo con nuestros enfoques, creencias y normas, y hemos abandonado la valentía de anunciar el

Evangelio sin temor ni vergüenza, como nuestros hermanos, con regocijo y pasión, lo hacen.

Allá asesinan a los nuestros, pero… claro, eso no es noticia relevante para una sociedad consumida por el pecado y la maldad. ¿Acaso el mundo se escandaliza cuando un cristiano es ejecutado cruelmente por negarse a abandonar su fe? Recuerdo que un día leí una noticia que me llenó de mucho furor: «Un cristiano es arrestado por defender su fe».

Pero… ¿de qué me sorprendo? Jesucristo es Justo, nos advirtió de las persecuciones venideras que tenemos que soportar. Desde antes, los nuestros son perseguidos por los malévolos e incrédulos que quieren evitar que el Evangelio se siga propagando por el mundo. Eso quieren ellos, hermano, atemorizarnos para que guardemos silencio. ¡No les demos esa satisfacción!

No importa el sufrimiento, sé que mis valientes guerreros se han despedido de este mundo con la dicha y el regocijo de ser recibidos por el Padre en su Reino. Sí, así como nuestro gran hermano Esteban, quien se alborozó el día de su muerte (Hechos 7:54-60). Preferimos dar nuestra vida, pero ¡jamás negaremos a Jesucristo!

«Jesucristo dio su vida por mí, ahora para Él yo viviré», «porque para mí el vivir es Cristo, y el morir es ganancia» (Filipenses 1:21).

[Basado en Mateo 10:16-31 y Mateo 24:9]

2 – ¿VIDA O MUERTE? TÚ DECIDES

> Dios no obliga a nadie a seguirlo, sino que nos brinda la libertad de elección para aceptar su amor por voluntad propia.

Sigo orando por aquellos que aún no tienen la identidad de Cristo. Orando para que su diversión sea transformada al gozo de Jehová. Habitamos en una sociedad donde para ellos lo primordial es entretenerse en lugares que son iluminados con luces estroboscópicas, pero que, paradójicamente, son escenarios oscuros (espiritualmente).

Nosotros, quienes seguimos a Jesucristo, no obligamos a los demás a seguir a Dios, sino que aconsejamos que no hay mayor gozo que estar en la presencia de Jehová, un gozo que es perpetuo e inigualable.

El gozo en Cristo es superior a cualquier diversión del mundo, pues nuestro Señor nos ofrece paz, tranquilidad, descanso, seguridad y felicidad eterna.

El hombre puede conseguir muchas herramientas para destruir su vida, pero nosotros tenemos la herramienta más poderosa para volverla a edificar, me refiero a la Palabra de Dios. Ahora bien, mi misión es simplemente advertirte, no obstante, eres tú quien decide entre la vida y la muerte. En la enseñanza «De muerte a vida: un solo camino» *(lee el segundo tema para predicar)*, menciono cuál es el camino que debes escoger. Está cerca de ti la Palabra de Dios, escúchala y no la rechaces;

guárdala en tu corazón y cúmplela. Sé que necesitas una respuesta, mi misión es presentarte a Jesús, la respuesta incuestionable.

Te aconsejo que ames a Jehová y andes en sus caminos, porque delante de ti está la vida y la muerte. No lleves tu corazón al pecado, y no perecerás. Continuaré orando para que en las fiestas de aquellos que aún no han aceptado a Dios en sus vidas, todo aquello que los distrae de su Creador falle y solo prevalezca la presencia divina. Deseo que en cada rincón al que se dirijan, se topen con el mensaje universal de esperanza: ¡Cristo viene ya!

Mientras el incrédulo niega al Señor, yo seguiré orando por ellos. ¿La vida o la muerte? La Biblia te solicita que escojas la vida, pues Dios prolonga tus días. No puedes seguir en la amargura, analiza lo que haces y deja que Dios sea el centro de tu vida.

El hombre tiene la decisión de perderse o regocijarse, mientras tanto, cumplamos asiduamente nuestra misión de seguir anunciando el Evangelio a las personas que aún no conocen al Señor. Hermano, tienes dos caminos, sé sabio y escoge el mejor. ¿Vida o muerte? Tú decides.

[Basado en Deuteronomio 30:19-20]

3 – JOVEN, CUIDA TU PUREZA

Para encontrar el favor de Dios es esencial que nos mantengamos alejados de las manchas del mundo y preservemos la pureza de nuestros corazones.

Vivimos en una tierra llena de tentaciones, mismas que nos persiguen diariamente. Ya no hay amor ni pureza en la adolescencia, y lo peor es que hay jóvenes cristianos que también se han dejado influenciar por sus deseos inicuos e ignominiosos.

Para el incrédulo es una burla total lo que dice la Palabra de Dios, sobre todo, ignoran las advertencias que el Señor nos hace, provocándose un daño fuerte ellos mismos.

Recuerdo una mañana en la que escuché a unos jóvenes compartir sus experiencias de una de sus fiestas. Me sorprendió mucho escuchar lo emocionados que estaban al hablar de sus pasiones. En la actualidad, es común ver a los jóvenes organizar fiestas para satisfacer sus deseos carnales, perdiendo, de tal manera, el valor del amor y el compromiso en las relaciones.

El concepto del noviazgo poco a poco va desapareciendo, ya que priorizan lo sexual en lugar de los sentimientos. Es común ver a personas besándose sin ser oficialmente parejas, manteniendo relaciones sexuales fuera del matrimonio, e incluso cambiando de pareja con frecuencia. Escuchar sus historias sobre lo bien que la pasan realizando acciones inmorales, hace que me dé cuenta de la falta de espiritualidad que afecta a mi generación.

Ahora bien, para muchos jóvenes cristianos es vergonzoso decir: «Tengo que llegar puro al matrimonio», pues esto es burla para los demás. Logrando, de tal manera, ensuciar la pureza con la que Cristo nos lavó.

Soy joven, entiendo lo que es ser tentado, sabiendo que habito en un mundo inmoral y abominable, donde cada día se hace difícil agradar al Señor. Sin embargo, también comprendo que con Dios no se debe ni se puede jugar. Todos los días nos encontramos con diversas pruebas, pero es hermoso cuando atravesamos victoriosamente una tentación. Las tentaciones son las mejores oportunidades para manifestar nuestra lealtad y amor a Dios. Entonces, debemos cuidar nuestros pensamientos y nuestras palabras; cuidarnos de las personas que nos rodean. Con esto logramos que el amor que tenemos por el Señor sea más fuerte que cualquier prueba o aguijón fugaz que nos abruma.

Oremos más, preocúpenos menos, porque es difícil ser cristiano… lo sé. Por eso debemos estar en oración continua, para no caer en el pecado. Disfrutemos nuestra juventud, pero hagámoslo sanamente, porque nuestra felicidad no depende de un deseo carnal, sino de un Dios vivo. No tengo nada que envidiarle al mundo, pues estoy completo en Cristo. Pensemos únicamente en el amor de Jehová, en todo lo bueno que produce la magnitud de su dadivosa presencia.

Hermanos, cuidemos nuestras conversaciones, porque como dice 1 Corintios 15:33, estas corrompen nuestras costumbres. Dile «NO» a lo que te quiera apartar del Señor. Joven, no te inquietes, confía en el Señor. Evita tomar sobre ti tareas que son responsabilidad de Dios, para que no tengas arrepentimientos. Lo que proviene de Él es eterno, mientras que lo del mundo se disipa con facilidad. ¡Joven, cuida tu pureza!

[Basado en Eclesiastés 11:9-10 y 1 Timoteo 4:12-14]

4 – «TALITA CUMI»

> «Jesús tomó la mano de la niña, y le dijo: "Talita cumi"; que traducido es: Niña, a ti te digo, ¡levántate!».

Imagina a un padre desesperado en busca de ayuda porque su hija se encuentra agonizando. Ahora imagina a esa niña postrada en una cama, con unos padres sin esperanza alguna al ver que su pequeña había muerto. Posteriormente, las esperanzas, que eran escasas, tuvieron un crecimiento sobrenatural con un par de palabras proferidas por la autoridad de un Hombre que transmitía seguridad y expectativas maravillosas. ¿Te suena esta historia? En efecto, es el espléndido pasaje de la fe de un hombre cuyas esperanzas habían sido apagadas al escuchar que su hija había muerto. No obstante, pese a que era difícil albergar esperanza ante semejante noticia, este hombre llamado Jairo, creyó en Jesús: en su autoridad para dar vida a los muertos, esperanza a los angustiados y libertad a los que han sido oprimidos por el pecado.

Ahora bien, lo más estremecedor de este pasaje se encuentra en las palabras autoritarias que usó Jesús para resucitar a la niña. La niña dormía, y no dejó de dormir hasta que Jesús le dijo «Talita cumi», que quiere decir: «Niña, a ti te digo, levántate». ¡Cuán grande fue esa autoridad con la que Jesús dijo «talita cumi», para que la niña al instante se levantara!

Por un momento visualiza esa escena en tu mente, esas palabras llenas de autoridad, pero a la vez llenas de dulzura; palabras que, sin duda, expresaban seguridad y tranquilidad. ¿¡Cómo habrá tomado Jairo esas palabras!? Sabía que después de esa autoritaria, dulce y segura frase, su hija se iba a levantar. Sin duda, esas palabras marcaron el camino de todos los que estaban presentes en ese momento, pero más para quien las recibió: la niña, que estando dormida escuchó esas hermosas palabras. Hoy Jesucristo te dice: «TALITA CUMI».

Cada vez que leo este pasaje y llego a la parte en donde se encuentran estas palabras, me lleno de gozo al imaginarme a Jesús hablándole a la niña con esta frase que expresa un precepto al que es imposible abstenerse. Jesús nos ordena que nos levantemos y no nos quedemos en el suelo. ¡Él vino a resucitarnos! ¡Gloria a Dios!

Joven, a ti te digo, levántate. No permitas que tus debilidades te abstengan a seguir a Jesucristo. Comprendo que es complicado seguir caminando cuando nuestras debilidades nos obstruyen cada vez más. Sin embargo, aunque nuestra necedad y torpeza sean nuestras enemigas, el amor y la misericordia de Dios son nuestros aliados. En medio de la angustia podemos ver el amor de Dios resplandecer. Sobre todo, el mayor escenario de la demostración de la misericordia de Cristo lo podemos ver cuando resbalamos, pues inmediatamente Él acude a nuestro rescate.

En medio de la desolación y angustia, ocurrió el milagro que solamente Jesús podía realizar. Todos los que rodeaban a Jesús ese día, se burlaron cuando dijo: «La niña solo duerme», pero Jairo, el padre de la niña, decidió creer hasta el final, aunque para los demás creer haya sido un disparate, pues ¿quién puede resucitar a los muertos? Nadie, al menos eso era lo que creían las personas que intentaban sabotear la obra que Jesús estaba a punto de efectuar.

En la actualidad, esto se ve reflejado en las acciones de los demás, quienes intentan sabotear nuestros planes. Por lo tanto, no vivamos por la aprobación de la iglesia, sino por aquel que dio su vida por nosotros: Jesucristo. Aunque vengan millares de personas a condenarnos, Jesús ya nos dio una orden: Levantarnos. ¡Así que, obedece al dador de vida!

[Basado en Marcos 5:21-43]

5 – DESPÍDETE DE LODEBAR

> Tu mala temporada acabará cuando tus ojos empiecen a enfocarse en Dios, y no en los problemas.

Cuando leí los dos libros de Samuel, encontré muchos relatos que cautivaron mi vida, uno de ellos es una narración conmovedora que ilustra la misericordia y compasión del rey David con uno de los hijos de Jonathán en la casa de Saúl.

David buscaba cumplir complacidamente la promesa que le hizo a su amigo Jonatán antes de su muerte, mostrando su deseo de honrar los principios de su fiel amistad en medio de su reinado. Por ello, preguntó ansiosamente si aún quedaba alguien en la casa de Saúl a quien él pudiera hacerle misericordia de Dios y mostrarle el amor y comprensión, invitándolo a sentarse en su mesa y comer con él.

Siba, siervo de Saúl, le habló al rey David sobre un hombre llamado Mefiboset, un varón lisiado desde temprana edad, que habitaba en Lodebar, pueblo en el Antiguo Testamento.

Este pueblo es asociado con la desolación, pues los teólogos argumentan que era una tierra sin pasto, en donde no se podía prosperar ni obtener frutos. Básicamente, Lodebar es una tierra de dolor y sin expectativas ni sueños, es un estancamiento que imposibilita a los demás a vivir felices. Habitar en Lodebar, es habitar en una transitoria miseria espiritual que solo acabará cuando escapemos de ahí.

David tuvo un gran gesto con Mefi-boset al devolverle todas las tierras de Saúl y tratarlo como a uno de los suyos. Recuerdo haberme llenado de gozo cuando leí por primera vez esta misericordiosa historia, pues resalta la idea de que la perfecta gracia de Dios supera las circunstancias y limitaciones humanas.

Este relato simboliza la gracia inmerecida de Dios hacia nosotros, ofreciéndonos la oportunidad de reconciliación y restauración, independientemente de nuestras imperfecciones y debilidades. Otro de los puntos admirables que encuentro en esta historia es la valentía de Mefi-boset, quien, a pesar de su discapacidad, no dudó en abandonar Lodebar al enterarse de que el rey lo estaba llamando.

Personalmente, me identifico con Mefi-boset, siendo yo una persona lisiada espiritualmente. No obstante, acudir a Cristo es dejar nuestro pasado atrás, abandonar nuestra tierra infértil y sin futuro llamada Lodebar. ¡Yo le dije «adiós» a Lodebar! ¿Dime si tú no puedes hacerlo? Despídete de Lodebar, porque el Rey te está extendiendo una invitación a su mesa. No importa cuán difícil sea tu situación, ¡Dios te está llamando!

[Basado en 2 Samuel 9]

6 – UN MUNDO APARENTEMENTE «LIBRE»

Vivimos en un mundo que aparenta vivir en libertad estando en esclavitud.

En medio de una abrumadora desolación, mi corazón se halla en el acto de narrar y escribir. Sinceramente, no tengo idea de por dónde comenzar ni de qué manera expresar lo que siento después de escuchar lo que, a mi juicio, empaña la imagen de Dios o intenta convencerme de que he vivido en una farsa.

¡NO! No vivo en una mentira, sino en la realidad de un Hombre que, a pesar de los intentos de muchas doctrinas por negarlo, entregó todo por mí en la cruz y me demostró que el amor sobrepasa barreras de arrogancia y enemistades.

Escuché decir a un hombre atrocidades. Desearía no haber escuchado las palabras de este ser humano: falible y mortal. Sus palabras han empañado la imagen de un Dios puro que aborrece las **abominaciones**. Lo más sorprendente es que esta persona profesa la misma fe en el Dios que compartimos, pero distorsiona las escrituras según la conveniencia de sus deseos personales o en defensa de lo que Dios desaprueba. Se refirió a mi Verdad como una traducción histórica errónea. Este hombre acepta de forma inquebrantable los conceptos ideológicos que corrompen las mentes de aquellos que son vulnerables y fácilmente manipulables. Este sujeto se asemeja a la manifestación de lo que la Biblia advierte: «En los postreros días se levantarán **falsos profetas** y **falsos seguidores**» (Mateo 24:11).

Es sorprendente que califique a mi Biblia como una «mala traducción» de las escrituras originales, cuando, a pesar de ser una «mala traducción», está cumpliendo sus profecías de manera gradual. Es incomprensible que el hombre apruebe lo que Dios no creó, lo que Dios no permitió que se multiplicara. Es posible que enfrente críticas y señalamientos después de expresar este mensaje, pero prefiero vivir de acuerdo con mis valores conservadores y tradicionales, manteniendo nuestra pureza ante Dios y siguiendo el modelo original.

Si respaldas lo que Dios considera **abominable**, estás llamando «libre» a un mundo que, en realidad, está atrapado en las cadenas del pecado. Solo falta que la humanidad presente argumentos mundanos para justificar que alguien encuentra felicidad en el acto de quitar la vida de otros individuos. ¡EN QUÉ MUNDO VIVIMOS, POR DIOS!

«Evangélicos, dejen ser felices a los demás a su manera», una expresión común entre los progresistas que se alejan del diseño original de Dios. Es insólito que su «felicidad» la encuentren yendo en contra de la voluntad divina. ¿Están insinuando que Dios acepta lo que consideramos deshonroso? Repito, ¡EN QUÉ MUNDO VIVIMOS!

Situaciones como estas me hacen desear profundamente el retorno de Cristo, pero luego considero nuestra condición y concluyo que quizá sea mejor esperar, pues todavía no estamos listos. Llegará el día en que Cristo restaure el orden en este mundo corrompido por teorías absurdas que buscan justificar los deseos egoístas e ignominiosos de la humanidad. Mientras tanto, no me rendiré ni me silenciarán; seguiré combatiendo el pecado y lo que desagrada a Dios. ¡No me callarán!

[Basado en 2 Timoteo 4:3-5, Isaías 5:20-25 y Mateo 24]

7 – EL PELIGRO DE LAS MALAS INFLUENCIAS

> El que no tenga cuidado de elegir buenos amigos será engañado y contaminado.

He escuchado a varias personas expresar la opinión de que cada ser humano es el único responsable de sus propias decisiones y que nadie más puede cultivar influencia sobre ellas. A pesar de esto, siempre he mantenido la creencia de que las amistades tienen un poder fundamental para influir en las decisiones de una persona.

¿Qué dice la Biblia al respecto? Si bien es cierto, la Biblia no apunta directamente algunos temas que son contradictorios en el mundo; no obstante, existen muchos versículos que nos demandan a guardarnos de la maldad del hombre y, sobre todo, a escoger sabiamente nuestras amistades, pues ellas son parte esencial de nuestras vidas.

Ahora bien, el apóstol Pablo nos ofreció algunas directrices y advertencias con respecto a nuestras acciones y decisiones. El apóstol nos exhorta a no convertirnos en piedra de tropiezo para aquellos que son espiritual o moralmente débiles, lo que podemos traducir como la responsabilidad de no practicar influencia a través de tentaciones sobre quienes están pasando por momentos de fragilidad espiritual o moral (1 Corintios 8:9). Cada persona tiene sus batallas continuas, y debemos ser pertinentes en nuestros comentarios y acciones. Por eso admiro a quienes respetan mi creencia y mis opiniones.

Pero ¿por qué creo que las personas pueden influir en las decisiones de los demás? Me baso en las palabras del apóstol Pablo en 1 Corintios 15:33, que expresa: «No se dejen engañar; las malas compañías corrompen las buenas costumbres».

Y sí, sé que cada persona es responsable de sus acciones y no puede responsabilizar a otros por sus errores y tropiezos. Sin embargo, también considero que, en el contexto de caer en la tentación del pecado o desarrollar una adicción, las influencias externas desempeñan un papel importante e influyente en la toma de decisiones.

Simplemente reflexiona sobre esta idea: cuando te encuentras en la búsqueda de un sueño, enfrentando desánimo, lo que puede impulsarte hacia adelante son las motivaciones que provienen de tu entorno. Por supuesto, la decisión de perseguir o alcanzar ese sueño depende completamente de ti. Eres el responsable de llevar a cabo tus metas. Sin embargo, no podemos negar que las motivaciones de las personas influyeron en tus decisiones.

Entonces, de la misma manera, la decisión de cometer un error recae en tus manos, pero indiscutiblemente, las amistades que te acompañan pueden ejercer un impacto influyente. Aunque… claro, si mantienes una fortaleza interior consistente, será menos probable que tropieces. De todas maneras, la Biblia nos orienta a escoger sabiamente nuestras amistades para que no tropecemos.

8 – UN ESPÍRITU QUE INSPIRA

> El Espíritu Santo es la brisa suave que inspira el alma y enciende el fuego de la fe en nuestros corazones.

Nuestros días y nuestro camino son ordenados por la magnificencia del Santo Espíritu de Dios. Este devocional quiere manifestar la alegría que sentimos cuando, con amor y regocijo, leemos el pasaje bíblico de Hechos 2, en donde podemos hallar la grandeza de nuestro Padre al derramar su Espíritu a los fieles seguidores de su Hijo.

¡Cuán grande es el amor de Jehová nuestro Dios, quien envió a su Hijo, el cual murió por nosotros para que podamos ser amados y adoptados por el nuevo pacto divino! Pentecostés, día del derramamiento de la gracia que nos acerca a Dios, día en el que nuestro Padre dio una nueva evidencia de su amor para nosotros. Cristo murió y nos justificó, esa gracia nos hizo amigos del Padre; no obstante, esa misma gracia debía ser expandida por el mundo, y quién mejor para expandir la gracia que el Santo Espíritu de Dios.

Desde su tiempo, Jesús advirtió a sus discípulos que ellos no iban a ser los que evangelizarían al mundo, sino más bien serían instrumentos que el Espíritu Santo iba a usar. El profeta Isaías se consideraba un instrumento de Dios. La carne no puede hablar acerca de lo sobrenatural, la lengua humana no puede enfocarse en las cosas de Dios, sino más bien en las cosas de la carne; por ello, es el Espíritu quien nos inspira cuando anunciamos las Buenas Nuevas que nuestro Señor anunció. En múltiples ocasiones he mencionado que mi primer fundamento bíblico cuando empecé a predicar el Evangelio fue Marcos 13:11. Incluso tengo una camiseta con esta base bíblica estampada.

Todos los sermones de los predicadores —siempre y cuando estén sometidos a las enseñanzas de la Biblia—, son producto de la inspiración del Espíritu Santo.

El Espíritu que inspira es el mismo que llena con su gracia al templo de adoración —un buen discernimiento entenderá lo antes mencionado y lo que nuestros oídos oirán y ojos leerán—. Precisamente, es el Espíritu Santo quien nutre nuestro discernimiento. ¿Verdaderamente el hombre se encuentra preparado para ser tocado por el fuego del Espíritu o para ser testigo de revelaciones sobrenaturales?

Nadie quiere intentar lo que tú has intentado: anunciar el Evangelio; pero el Espíritu está presente para inspirarte en tus proyectos. Con Él no fracasarás, y si no salen las cosas como esperas, es porque saldrán como Él las planeó.

La gracia del Espíritu es enemiga del pensamiento del hombre, pues el hombre juzga antes de tiempo con pensamientos álgidos y superficiales, pero la gracia usa la paciencia para cambiar un corazón rebelde. Jehová le dijo a Samuel que Él no mira lo que ve el hombre (1 Samuel 16:7), pues el hombre empieza a ver desde lo externo, pero el Espíritu escudriña el corazón, pues el templo no está a la vista del hombre, sino que a él solamente el Espíritu tiene acceso.

9 – LA RELEVANCIA DEL EVANGELIO

En la inmutable sabiduría del Evangelio encontramos la verdadera luz, que ilumina con eterna relevancia, superando toda ciencia y doctrina terrenal.

El hombre ha concebido la palabra de Dios como rareza o insuficiencia, han subestimado lo que verdaderamente es cierto; pues escrito está, que «en los postreros días se levantarán burladores en contra de la Verdad» (2 Pedro 3:3-10). Basémonos en la vida de uno de los reyes rebeldes que tuvo Israel: Saúl; junto con el versículo bíblico Romanos 1:16, que dice: «No me avergüenzo del Evangelio, porque es poder de Dios». Saúl perdió el trono por subestimar el poder del Eterno, puesto que minimizó las revelaciones del Señor para enfocarse en profecías paganas.

Es normal para el hombre inconverso que un sermón cristiano no sea atractivo para sus ojos. Un concierto en donde se adora y exalta al Señor no se llena como se llenan los conciertos de cantantes que cantan con una concepción pobre, adulterada y rebelde. En la actualidad, la filosofía es mayor que los pensamientos celestiales, y es inverosímil vislumbrar que las nuevas tendencias se están apoderando de la sociedad. Al niño le retuercen su criterio desde lo que observa hasta lo que escucha. «La maldad se siguió propagando desde que sacaron a Jesucristo de las escuelas». La causa de ver un mundo cada vez más proterво es la negación o rechazo al Evangelio de Cristo.

De la misma manera, hay personas que piensan que los temas ideológicos y algebraicos tienen más relevancia que un mensaje positivo, como lo es el Evangelio. Las fórmulas científicas aportan más que el Evangelio, dicen algunos. ¿Acaso una teoría puede ser mayor que el resultado? Desglosando esto, la ciencia es una teoría y el Evangelio es un resultado divino que la fe lo aprueba completamente.

La fe es mayor que el razonamiento humano; agnósticos quieren creer en Dios, pero no alimentan su fe. Escribiré lo que le digo a cada persona que no tiene a Cristo en su corazón: Solamente dale 1 % de tu vida a Dios, y Él lo convertirá en 100 %. Niégate a ti mismo y sigue a Cristo.

No, no buscamos cambiar o ir en contra de una persona, simplemente buscamos que el hombre perfeccione su discernimiento y obedezca la Verdad. Asimismo, no intenten cambiar al remanente, porque vivimos y viviremos para Dios.

No callaremos ni nos callarán, porque, así como muchos defienden sus posturas, nosotros damos nuestras vidas por dejar el nombre de nuestro Dios en lo alto. Estoy seguro de que si el hombre inconverso, rebelde y protervo transitara por el camino en donde transitamos mis hermanos y yo, entenderían lo magnifico que es el Evangelio.

No se trata de un juego en donde sales si te aburres. ¡No! Si eres hijo, lo serás para toda la vida. Respetamos a todos, sobre todo, a aquellos que no persiguen a la iglesia, y perseguir no solamente es hacerle daño físico a un creyente, sino también ir en contra de sus palabras y herir el templo del Señor, el cual es el corazón. El Evangelio me ha hecho bien; el Dios de quien muchos dudan, me ha hecho bien.

[Basado en Romanos 1]

10 – EL DIOS QUE PREVALECE

A lo largo de los siglos, entre teorías efímeras y dioses fugaces, Dios permanece inalterable. Él es el Eterno que trasciende todas las eras, recordándonos que es y siempre será.

Han pasado más de dos mil años desde aquel acontecimiento hermoso, del mayor acto de amor, de las palabras más sinceras que pueden salir de la boca de un hombre. Dos mil años, y aún aquellas palabras se siguen esparciendo por el mundo como un perfume divino que, con su aroma perfecto y sincero, nos lleva a conquistar en su nombre los reinos de justicia.

El salmista, inspirado por el Espíritu Santo, expresa en el Salmo 76 que nuestro Dios es conocido en toda la tierra: en los valles de dolor, en los senderos de justicia e impiedad, en las plazas de la ignorancia y en los corazones de los rebeldes que pronto sus rodillas se doblegarán ante Él. Las barreras de profanación en contra del Santo de Israel fueron derribadas por el poder del pacto de la Sangre del Cordero. Los justos padecen de persecución por vociferar la verdad, pues en contra del sistema positivista estamos.

Pensamientos cerrados, corazones endurecidos y un espíritu sordo conducen al hombre. En su pueblo amado, el Justo edificó su templo; en el corazón de su iglesia, sembró su propósito. El Autor no es el culpable de que los protagonistas narren una historia errónea; asimismo, Dios no es responsable de que los siervos se hayan desviado del verdadero mensaje que se debe anunciar. He escuchado a incrédulos yendo en contra de la verdad con la excusa débil de la discrepancia y disociación que existe en la iglesia. Todo dardo de injusticia contra tu vida fue quebrantado por la sublimidad del Espíritu, y todo ejército de disensión contra la verdad, ha sido derrotado.

Más fuerte es el Dios que prevalece que cualquier pensamiento indeterminado, más justa es su misericordia que la impiedad de los necios. El hombre muere y se olvidan de él, pero Cristo murió, resucitó y ascendió, y sus palabras se siguen regando como un manantial de vida. El mensaje de Dios ha adormecido las teorías absurdas que el hombre inventó basándose en pensamientos filosóficos y científicos. Si los pensamientos del incrédulo se basan en negar todo, ¿por qué no se niegan a ellos mismos? Así como lo dijo mi Señor: pudre tus deseos, vivifica tus propósitos y, sobre todo, vivifica tu fe.

Siente en tu vida como el Dios que prevalece te llama y te dice: «Yo soy el compositor, tú eres mi instrumento». Porque el mensaje no acabará, y Dios necesita varones llenos del fuego del Espíritu, aquellos que no temen a las persecuciones venideras. El Reino prevalece y con él prevalecen sus habitantes. Tú eres habitante del Gran Hogar, trabaja en la viña del Señor sin desfallecer. Porque te ama, porque te eligió, porque te ungió, porque te ha levantado cuando has tropezado, por eso eres importante para Dios, porque Él cree en ti, porque, aunque tus sueños mueren, sus propósitos prevalecen. ¡Dios prevalece y sigue siendo el mismo de ayer y siempre!

11 – PRIVILEGIADOS

Con Jesucristo descubrimos el privilegio de caminar por una senda iluminada, done el amor y el perdón de Dios son derramados en nuestras vidas.

Nuestras vidas están cimentadas en la Verdad y edificadas en la justicia, porque Cristo nos escogió somos privilegiados de vestir los atavíos que nuestro Señor nos obsequió. Tenemos el privilegio de ser hijos de un Dios vivo; el privilegio de ser escuchados y restaurados sin depender de sustancias tóxicas para vencer nuestras aflicciones.

Tenemos el privilegio de saber que, si estamos con Cristo, los ataques del enemigo no nos alcanzarán. Vivimos felices con lo que hacemos, sin avergonzarnos ni poner condiciones a Dios para seguirlo, porque vivimos una vida sana.

Para nosotros no hay mejor vida como la que se vive en Jesucristo nuestro Rey. Nos gozamos sanamente, sin tener que encajar en una sociedad corrompida, una sociedad que engaña a una juventud que necesita de Dios más que nunca.

El salmista, en el Salmo 87, manifiesta que Jehová nuestro Dios ama a su pueblo. Tenemos el privilegio de ser amados por un Dios justo que nos ama incondicionalmente, un Dios que nos purifica y nos aviva. Dichosos de expresar con alegría lo mucho que amamos a nuestro Padre, más que a nuestras propias vidas, más que a nuestros deseos.

El verso 3 del Salmo antes mencionado indica que de ti se hablan cosas gloriosas, porque el Hijo cree en tus capacidades, y le habla de ti al Padre cosas hermosas. Tenemos el privilegio de ser defendidos por el mejor abogado: Jesucristo. Somos privilegiados de ser consolados cuando nuestro corazón es quebrantado, el privilegio de saber que hay un Dios que camina con nosotros.

No le envidiamos nada al mundo, porque no le pertenecemos a él, pues en nosotros habita el Altísimo y con Él todo tenemos, sin Él nada somos. Tenemos el privilegio de ser resucitados espiritualmente, de que nuestros sueños dejan de ser sueños para convertirse en una realidad. Somos privilegiados, porque nos sentimos amados cundo infieles le hemos sido a nuestro Señor. Nosotros no necesitamos de psicólogos que nos aconsejen, la Verdad es clara y ella nos guía y nos ayuda a tomar mejores decisiones que las que nuestra carne nos incita a elegir.

Tenemos el privilegio de que el amor de nuestras vidas haya dado su vida por nosotros. Somos privilegiados cuando Cristo nos habla a través de su Santa Palabra. Tenemos el privilegio de ser exhortados con amor, porque nuestro Dios nos ama y quiere que caminemos por las sendas de rectitud. No cambiaríamos nuestras vidas ni por una gota de alcohol. No dejaría mi primer amor ni por mil amigos, porque somos privilegiados de seguir a Cristo, tenemos la dicha de portar una corona divina. ¡Somos privilegiados, y no callaremos, no nos callarán!

12 – FIRMES EN LA LIBERTAD

En la cruz encontramos la libertad; en nuestra firmeza, la victoria; en nuestra devoción diaria, la fortaleza.

Un espíritu libre no puede divagar por el mundo con cadenas que ya fueron rotas, no debe volver al lugar donde estuvo, porque se libró de ir al lugar donde merecía estar —y esto es gracias a que nuestro Señor cargó con nuestras culpas para prevenir que fuéramos nosotros los condenados.

La Biblia, en Gálatas 5:1, nos hace un llamado a vivir seguros en la libertad con la que CRISTO nos redimió, subrayando y enfatizando el nombre de «Cristo», porque fue Jesús quien nos dio el rescate en la cruz para que no volvamos al yugo de la esclavitud.

Si transitamos por las sendas del sometimiento de la carne, abandonamos nuestra relación con Dios, y no sería responsabilidad de Él, sino nuestra. La Biblia nos enseña que el Espíritu y la carne son enemigos, es por ello por lo que nosotros decidimos a quién obedecemos y a quién no.

Dios nos solicita que nos aferremos a su manto, que nos sujetemos a la libertad que recibimos por gracia y que vivamos por el Espíritu, para no volver a ser presos de la carne. La Palabra de Dios tiene que llegar a nuestros corazones. Una cosa es teorizar y otra practicar. Debemos someternos a Dios y huir de nosotros mismos, refiriéndome a nuestras pasiones y deseos.

El Evangelio, más allá de escucharlo o leerlo, debe ser practicado con amor. El hombre no nace libre por sí mismo, sino porque Cristo le dio libertad en la cruz. La Deidad hecha carne nos dio el mejor obsequió de nuestras vidas: la libertad, porque, sin ese regalo, nuestros espíritus seguirían atados al pecado sin redención.

El hombre no puede liberarse por su propia causa, pues si el esclavo intenta romper ataduras, lo que hará es endurecerlas más, lo que quiere decir que más subyugado quedaría. Asimismo, si el necio busca inteligencia por su cuenta o se cree fuerte por sus propias fuerzas, queda imposibilitado en su lucha espiritual, lo que lo conllevaría a la derrota.

El hombre no niega sus deseos, busca hacer lo que sea por sobresalir en la sociedad sin importar que sus acciones lo opriman; sobre todo, buscan liberarse precipitosamente de sus culpas. Así es como falsifican la libertad; refiriéndome a que su «libertad» es falsa, pues libre es aquel que decide cortar las costumbres infructuosas de la carne para comprometerse con el Espíritu, porque, aunque en la cruz Cristo nos dio libertad, nosotros somos los que debemos cuidarla.

La libertad es no tener un pensamiento déspota, creyendo que ganamos el cielo por nuestra cuenta; es ser libres del pecado y la maldición a la que estábamos condenados. «Estad, pues, firmes…» representa que se requiere de valor para mantenerse en la libertad. Alguien que está legítimamente libre en Jesús, aún puede volver a la esclavitud, ya que el diablo engaña. Por eso vivamos firmes en la libertad que Cristo nos proporcionó.

13 – UN ESPÍRITU COLMADO DEL ESPÍRITU SANTO

> Nuestro espíritu resplandece al atiborrarse de la presencia del Espíritu Santo.

Con el transcurso del tiempo, un cristiano deja de ser el mismo que era al principio, esta es la lucha espiritual que comúnmente atraviesan los discípulos de Cristo. Las circunstancias y la falta de unción por el Espíritu hacen que la adoración de un cristiano merme.

No es nuevo que un seguidor de Cristo no tenga la llenura del Espíritu Santo, ya que, como mencionaba anteriormente, es quizá el problema más común entre los seguidores del nuevo pacto. No obstante, el dejar de estar colmados por el Espíritu no es un mérito por el cual una persona deba sentirse orgullosa —ya que existen creyentes que les da lo mismo estar llenos de la presencia de Dios.

La Biblia nos expresa en Efesios 5:18: «…sean llenos del Espíritu». Es por ello por lo que una persona es solicitada a implorar por ser llena del Espíritu Santo, ya que un espíritu sin unción es como una lámpara sin luz que en el camino no puede iluminar, y hace tropezar a quien conduce.

El estar llenos del Santo Espíritu de Dios es una práctica que se debe ejercer diariamente. Por ejemplo, un devocional es llenarse del Espíritu; y un devocional no solamente es leer la Biblia u orar, sino también vivir la devoción; es decir, actuar conforme con los estatutos del Espíritu Santo. Efesios 4:30 nos dice que no contristemos al Espíritu Santo de Dios. La palabra «contristar» abarca el significado de no ir en contra o entristecer al Espíritu con nuestros actos. Hacer lo opuesto o lo malo es contrariar al Espíritu, y si eso sucede, y andamos solamente por y para nosotros conforme con la carne, entonces afligimos al Espíritu Santo, y no seremos colmados por su unción.

Tenemos que elegir entre dos caminos: la carne o el Espíritu. En devocionales pasados mencionaba que la carne y el Espíritu son enemigos, pues vives para la carne o para el Espíritu, pero no puedes inclinarte a ambos lados. Gálatas 5:16 menciona que andemos en el Espíritu sin satisfacer los deseos de la carne.

La carne no solamente es enemiga del Espíritu, sino también nuestra, ya que es esta la que nos lleva a caer en el pecado, por eso la Biblia menciona que nos cuidemos de ella. Vivir para la carne es volver a la antigua naturaleza, aquella que se lleva arrastrando de generación en generación. Es decir, volver a la antigua vida injustificada y rebelde.

La claridad del caso es que somos nosotros quienes apagamos la llama del Espíritu. La Palabra de Dios es clara y nos dice en 1 Tesalonicenses 5:19 que no apaguemos el fuego del Espíritu. Apagar alude a no desvanecer la comunión que se tiene que vivir diariamente con Dios, pues lo disipamos cuando desobedecemos sus órdenes. En palabras más claras, el Señor me ordena que ore y cumpla mi devoción, que certifique mi fe siendo testimonio para los demás (actuando correctamente) y que actúe como Jesucristo actuó (ayudando a los demás). Si descuido mis labores como cristiano, estaría disipando al Espíritu de Dios.

14 – JESUCRISTO, EL AMIGO QUE ME HACE BIEN

En Jesucristo he hallado a mi mejor amigo, aquel cuya amistad es un regalo divino que ilumina mis días y da significado a mi existencia.

¿Sabías que, si sigues a Jesús, con el tiempo te quedarás sin amigos? Aunque desees tener muchos amigos, la ideología del hombre carnal con la ideología del hombre espiritual van a ir en contra siempre. Es por ello por lo que, sin querer, te alejas de tus amigos, al menos de los que Dios cree que no te convienen. No obstante, hay algo que se ha convertido en un problema para los seguidores de Cristo, al menos para los que son jóvenes, y es el querer acoplarse a los pensamientos del hombre para no ser apartados por causa de su ideología.

No hay razones para ir en busca de amistades nuevas que se desconocen. Por ejemplo, las redes sociales hacen que los usuarios interactúen entre sí, incluso los denominan «amigos» sin conocerse. Realmente no son amigos, puesto que un amigo es aquel que te conoce, y no precisamente en aspecto físico, sino más bien las cualidades que las personas tienen. Es por eso por lo que Jesucristo es nuestro buen amigo, pues Él conoce cada cualidad de nuestra vida, escudriña y discierne en lo más recóndito de nuestro corazón, comprendiendo lo que incluso nosotros desconocemos.

No hay mejor amigo que Jesús, su amistad es sincera y hace bien al espíritu; su amistad se enfatiza en la sinceridad, sobre todo, en el rescate que nos da cuando, sin querer, nos alejamos de su presencia y actuamos en su contra, sabiendo que nos advirtió de las consecuencias.

La Biblia acentúa las representaciones de un amigo sincero. Proverbios 17:17 menciona que en todo tiempo el amigo ama, por ende, sabia e interpretativamente podemos decir con regocijo que Jesucristo nos ama en cualquier momento, siendo Él un amigo amoroso y fiel.

Con Jesucristo, nuestro buen amigo, podemos tener la confianza de contarle todas nuestras aflicciones, aunque Él conoce todo de nosotros, aun así, siempre estará presente para escucharnos. Es muy importante conocer que nuestro amigo es el mejor confidente, ya que nunca dirá algo en nuestra contra para hacernos sentir mal. Al contrario, sus palabras siempre serán para corregirnos de acuerdo con la misericordia que lo caracteriza.

Jesucristo es el amigo que me hace bien, su amistad ha sanado las heridas más profundas de mi corazón. Jesús explicó que no hay mayor amor que dar la vida por los amigos. Él, como buen amigo, hizo más que dar su vida solamente por sus amigos, pues incluso dio su vida por aquellos desconfiaban de su poder. Su muerte libera a los que de corazón deciden arrepentirse. Su amor es perdurable; dicho amor que lo trasladó a sobrellevar las culpas que nosotros debíamos cargar. ¿Quién es mejor amigo como Jesucristo? ¡Nadie!

15 – LA VERDAD Y SU MENSAJE LLENO DE «LOCURA»

A pesar de que el mundo pueda catalogar el Evangelio como locura, su verdad se mantiene ilesa, es una roca inquebrantable en el océano de la duda y la incredulidad.

[Lee 2 Corintios 11]. No es nuevo que el mensaje de Dios, para muchos, sea considerado una locura. La Biblia denota en 1 Corintios 1:18 que el mensaje es locura para los que se desvían, no obstante, para aquellos que han encontrado redención es el poder de Dios y la testificación de la sangre derramada que liberó a un pueblo oprimido por el pecado.

Pablo, como apóstol de Cristo, indicó que el mundo necesita tolerar más la «locura» para no ser engañado por el enemigo. Es decir, el mundo necesita ser alimentado de la palabra que santifica, para poder encaminarse al verdadero sendero. Algo que debe caracterizar a la iglesia de Cristo, esto es a nosotros, es la fidelidad a Dios, algo que evidentemente nos cuesta practicar, pues el apóstol Pablo mencionó en 2 Corintios 11:2 que hemos sido presentados como una virgen pura ante Cristo. Es decir, una iglesia que fue purificada por el Verbo hecho carne, con el fin de que cuidemos nuestras vestiduras sin mancharla — pensamiento respaldado poco después por Santiago 1:27.

Aunque la palabra de Dios sea un poco rústica —para algunos—, es la verdad que nadie quiere escuchar, pues el mundo está acostumbrado a recibir y dar mentiras, concibiendo a la Biblia como una enemiga del hombre. La Verdad ha sido malinterpretada por muchas personas. Hay una frase popular que dice: «No hay mayor mentira que la verdad malentendida». Si tan solo el mundo experimentara lo que es la «locura» de vivir el Evangelio, entenderían que sus perspectivas y criterios son una falacia, pues carecerían de argumentos. La verdad de Cristo reposa sobre sus fieles seguidores, y la sociedad tiene a la iglesia como «amenaza» a su sistema descompuesto.

Ser señalado por hablar la verdad, pienso que es un privilegio, al menos si esa verdad es Cristo. Como lo dijo el apóstol Pablo: «Para mí el vivir es Cristo, y el morir es ganancia». Pues si somos perseguidos por seguir a Jesús (no es lo mismo perseguir que seguir), hemos sido catalogados como discípulos de la Verdad, pues el mundo no oye la verdad, oye las mentiras del enemigo, por ende, van detrás de la conveniencia carnal, yendo en contra de lo que verdaderamente los edifica.

De la misma manera, el conocimiento no hace que vivamos para la Verdad, sino más bien es el discernimiento el que nos conduce hacia el camino correcto, pues conocer las Escrituras o asistir puntualmente a una congregación no nos hace seguidores de Cristo, sino cómo vivimos el Evangelio. Salomón, en uno de sus proverbios, mencionó que gracias a la sabiduría se llega al trono. Es el cómo pensar sabiamente para lograr tomar decisiones correctas, decisiones que terminen agradando a Dios. Aquel que es seguidor de la Verdad (Juan 14:6 menciona quién es la verdad), es enemigo de la mentira (el pecado).

16 – CUIDANDO EL ESPÍRITU CON ALIMENTOS SAGRADOS

En el jardín de nuestro espíritu, la Palabra de Dios florece como la rosa más preciosa, nutriendo con su belleza y fortaleza el campo que la rodea.

Es normal que en la actualidad las personas cuiden su cuerpo mediante dietas estrictas, pero ¿por qué lo hacen? Algunos, básicamente por vanidad; otros, por tener una vida saludable en perfecto estado.

A través de la investigación, las personas pueden encontrar consejos prácticos para conservar una salud física firme, pues la ventaja principal de cuidar el cuerpo se basa en tener un buen estado de salud.

Ahora bien, ¿es más importante que cuidar el espíritu? De la misma manera el espíritu debe ser tratado, pues hemos vivido con el concepto erróneo de que nuestro cuerpo es el templo de Dios, siendo el espíritu el templo del Espíritu Santo y siendo la carne el elemento menos relevante en los asuntos de la santificación y salvación que son producto de nuestra comunión con Jesucristo.

No hay mayor alimento que la Biblia, ella nos hace vivir una vida espiritual saludable, ayudándonos a tomar mejores decisiones para no caer en las cuerdas del enemigo. No hay mayor bebida que el agua derramada por el

Espíritu Santo. Entonces, con el alimento, que es Biblia, y el agua, que es el Espíritu Santo, mantenemos nuestro espíritu en pie. Por eso es importante alimentarse de la Palabra de manera asidua y equitativa. Es decir, no importa si me alimenté de Dios por la mañana, puedo hacerlo también por la noche sin poner obstáculos, sabiendo que la Palabra me santificará.

El menú del alimento sagrado nos ofrece palabras que degustarán nuestro espíritu, sobre todo, lo formarán por las sendas de rectitud. Al espíritu se lo cuida mediante observaciones reflexivas por parte de Dios y advertencias llenas de amor, formación espiritual que crea barreras de protección ante los dardos del enemigo; además, la Palabra consuela y restaura el corazón quebrantado y afligido.

Si la Biblia te corrige —ya que es el medio por donde nos comunicamos con Dios, junto con la oración— es porque le importas, caso contrario, dejaría que personalmente te formes, malacostumbrándote a compensarte por ti mismo.

Adiestra el espíritu para que no se debilite y luego perezca; pues si no ejercitas el espíritu, el alimento no servirá de nada. Si no practicas diariamente tus rutinas de aprendizaje espiritual, es como no adiestrar al espíritu para una pelea. Por eso es importante que compartas el alimento que te formó, y no afanarte por leer toda la Biblia. Establece tu tiempo en alimentarte y en alimentar a los demás. Como lo dijo el apóstol Pablo: «El alimento sólido es para los que tienen madurez espiritual».

[Basado en Hebreos 5:14]

17 – DIOS HABLA CON AMOR, PERO SU PUEBLO NO QUIERE ESCUCHAR

La rebelión del mundo ha oscurecido su conexión con Dios, perdiendo de vista su luz y guía.

En esta naturaleza sorprendente, Dios pretendió forjar algo excelente. Estableció el mundo y formó al hombre a su imagen y semejanza, para que este lograse vislumbrar las maravillas que el Señor hace. Es por eso por lo que Dios le habla y ama al hombre. Dios tiene para él aspiraciones perdurables. Nos ama, así que, por favor, no permitas que la ignorancia te haga blasfemar contra el Eterno, pues Dios es amor, sin embargo, personas que lo han retado de una manera abominable han conocido que con Él no se juega.

Cristo no te obliga a seguirlo, pues te dio la libertad para que tú elijas si deseas hacerlo o no. Esta libertad o libre albedrío, el hombre no siempre la aprovechó útilmente, porque ha ido en contra de los designios de Dios, rechazando, de esa manera, una relación perpetua y un compromiso con Él. Con el transcurso de la vida de una persona, Dios ha estado citando al hombre a comprometerse con su verdad, incluso dando el antídoto para el veneno provocado por el vacío que cada persona atraviesa. No obstante, el hombre no quiere atender a ese llamado.

Dios envió a sus siervos para alertar a su pueblo de las consecuencias de sus transgresiones, sin embargo, el pueblo menospreció el mensaje y a los siervos, insultándolos y arrojándolos hasta menguar el mensaje. El hombre es sordo y ciego, pues Dios, en su gran amor, inspiró a sus siervos para escribir las palabras que Él quiere decirle a su pueblo; no obstante, el hombre ha nutrido otros placeres, dejando morir los deseos de su espíritu: buscar apasionadamente a Dios.

Cristo visitó este protervo mundo y se echó todas nuestras culpas, con el fin de que podamos ser justificados delante del Padre. ¿Qué hizo el hombre con el Hijo de Dios? Maltrataron al Santo, blasfemaron contra Él y no lo obedecieron, hasta el punto de humillarlo y matarlo cruel e injustamente. Siendo un hombre santo, fue tratado como el más vil. No obstante, fue tan grande su amor que de su boca no salió palabra que condene al hombre, teniendo la autoridad para hacerlo. Amor como ese no se encuentra.

Querido hermano, si no tienes a Cristo en tu corazón, te invito a reconocerlo como tu Héroe y Salvador. Dios te ama pese a tu desobediencia. Aunque dudes, Él está llamándote. Como lo he dicho siempre: Entrégale el 1 % de tu vida a Dios y Él lo convertirá en 100 %. Aprovecha ahora que Dios te habla con amor, porque se acerca el día y la hora en donde no habrá vuelta atrás. Aquellos que ya tienen a Cristo en su corazón, los invito a ser pacientes y a permanecer en la obediencia. ¡Maranatha! ¡Cristo viene por su iglesia!

[Basado en Marcos 12:1-11]

18 – LLAMADOS A SER PORTAVOCES DEL EVANGELIO

Estamos llamados a proclamar el Evangelio con valentía y amor, compartiendo el mensaje que transforma vidas y trae esperanza a un mundo necesitado.

Quizá hoy las personas no tienen el deseo de escuchar el mensaje que edifica el espíritu; no obstante, nosotros, como portavoces del Evangelio, no podemos callarnos en los días donde el necio necesita ser corregido; y el mundo, exhortado.

No te desanimes, sé paciente e insiste hasta el final, porque pronto llegará el momento en donde las personas serán conducidas por su espíritu a escuchar la verdad. Recuerda que eres portavoz y Cristo te ha dado la orden de anunciar su palabra. No calles ni te escondas del llamado por el cual fuiste escogido.

Con el pasar del tiempo han surgido diversas teorías a las cuales el hombre ha decidido obedecer, dejando atrás la Sana Doctrina, pues sin importar que ciertas teorías sean falsas, ellos siguen lo que alimenta sus deseos, apartándose de la verdad absoluta, sin tener relación alguna con ella. En 2 Timoteo 4:5 el apóstol Pablo menciona que un seguidor de Cristo, como portavoz del Evangelio, debe soportar las aflicciones a las cuales está expuesto; también alude que debemos cumplir nuestra misión de evangelistas, desempeñando el ministerio del llamado que Dios nos ha hecho mediante nuestra buena relación con Él.

El apóstol Pablo apuntaba que anunciar el mensaje de Cristo es nuestra mayor carrera en esta vida, pues nuestra vocación es mayor que cualquier logro externo o que no tenga relevancia con el Espíritu, ya que el apóstol Pablo se glorió cuando consumó su ministerio o llamado al momento de anunciar el mensaje a donde Dios le ordenaba. Entonces, de la misma manera, nuestra misión es hacer que el hombre inconverso sea encaminado hacia los pies de Cristo.

No habrá descanso para el remanente y no callará hasta lograr que el mundo que lo rodea atienda al llamado, para así poder decir: «He peleado la buena batalla, he acabado la carrera, he guardado la fe» (2 Timoteo 4:7).

Guarda (cuida) tu fe, y no te desanimes, porque, así como el «menospreciado» David fue escogido como rey, Dios te ha escogido como instrumento para llevarle el Evangelio al incrédulo. Sé paciente y espera a tu Señor, para que, de esa manera, puedas ser coronado de justicia por el Justo Juez. El mundo habla atrocidades sin importar que esos comentarios ofendan a los demás o, incluso, a nuestro Dios. Ahora bien, ¿cuál es el motivo por el que callas? Ve y habla sobre el inconmensurable y sublime amor de Jesucristo.

19 – EL TESTIMONIO DEL VERDADERO AMOR

El amor refleja la sabiduría que subyuga el egoísmo y forja conexones que enriquecen el alma.

Hemos sido escogidos como muestra del gran amor de Dios, ya que, sin merecer nada, el Señor borró nuestras rebeliones y nuestras culpas las arrojó lejos de su presencia. Ahora bien, ¿no es ese el amor que debemos dar a los demás? Pues fue Jesús quien estableció este nuevo mandamiento, el cual se basa en amarnos como Él nos amó a nosotros: siendo buenos amigos, personas misericordiosas con los demás y apartando la impiedad de nuestras vidas. Esto fue algo que más tarde el apóstol Pablo incluiría como uno de los «deberes cristianos» en Hebreos 13, donde alude que, como buenos ministros de Cristo, debemos permanecer en el amor fraternal, esto quiere decir un amor sincero, siendo caritativos con nuestros hermanos.

Si bien es cierto, por obras el hombre no se salva; no obstante, aunque suene paradójico, un corazón impío es rechazado con impiedad por un Dios misericordioso. Es Cristo quien salva, pero al recibir a Cristo debemos imitar su excelso ejemplo. Nuestro Señor mencionó que cuando Él juzgue a las naciones serán juzgadas conforme con sus obras: quien despreció al necesitado, desatendió a Jesús; quien no le dio hospitalidad al indigente, se la negó a Jesús; quien le mezquinó comida al hambriento, hizo lo mismo con Cristo. Es algo que también Pablo apuntó en Hebreos 13:2, con su poesía positiva de «sin saberlo, lo han hecho», refiriéndose a los que han actuado correctamente dándole acogida al necesitado en sus hogares, sin saber que a quien verdaderamente le dan hospitalidad es a Jesucristo.

Nunca olvidemos que el negar alimentos a los demás se lo puede interpretar como la negación del Evangelio a quien necesita ser alimentado por la palabra que edifica.

Espiritualmente, el mundo hoy está esclavizado por el pecado, por eso es importante fomentar la libertad que se tiene en Cristo, pues un día nosotros fuimos esclavos del pecado, pero en Jesús fuimos liberados. Sin duda alguna, el amor que Cristo nos da debe reflejarse en nuestras acciones, recordando que somos testimonios de la buena obra que el Señor ha hecho en nosotros.

Odio, envidia, arrogancia, vanidad, avaricia, mezquindad, palabras de maldición hacia los demás, enojo, juicios, contienda y enemistad hay que apartar del corazón, pues si un corazón pierde el amor, lo ha perdido todo, por lo tanto, es desechado y aplastado por su propio odio, y lo peor de todo es que no damos un mal testimonio nuestro, sino de Dios.

20 – EL GESTO QUE LE AGRADA A DIOS

Mostrar a Dios un corazón transparente es el primer paso hacia una relación sincera y profunda.

En ocasiones, lo menos significante para los demás termina siendo un propósito para Dios. Hubo un pequeño varón que fue ignorado por mucho tiempo; ignorado por el hombre, pero cautivado por un gran Dios.

David, uno de los personajes emblemáticos de las Escrituras, fue un rey que en su corazón comprendía que siempre iba a ser un siervo para Dios, un rey que sabía que sin Jehová no era nada. Fue precisamente por esa sencillez y autoridad que fue escogido para gobernar y pasar de cuidador de ovejas al trono de Israel.

Hubo un gesto que a Dios le agradó de este rey, ya que, a diferencia de los otros reyes, David fue quien se ganó la confianza de Dios, aun cuando le falló, pues se ve reflejado en el pacto del «Reinado eterno».

Hubo un día en donde, mientras llevaban el arca de Jehová —misma que tiene un poder subliminal—, Uza, quien guiaba el carro, limitó el poder de Dios, puesto que le dio más relevancia a unos tropezones antes que a la presencia de Jehová. Por eso es importante que sepas que no debes limitar el poder ni la presencia de Dios, pues es evidente que si no la aprovechas, otro la aprovechará mejor, porque después de la limitación celestial viene el quebrantamiento espiritual. Cuando nadie quiera la presencia de Dios —ya que muchos la rechazan—, recíbela como Obed-

Edom lo hizo con el arca de Jehová; el arca en casa es bendición, no maldición.

Hay gozo en la presencia de Dios, y David lo sabía, por eso hizo uno de los actos más hermosos que a Dios le agradó, porque, aunque muchos se burlaron, quien se goza en la presencia del Señor es libre de cualquier carga, pues David quería agradecer a Jehová por las grandes maravillas que había hecho en él: del anonimato al trono, la presencia de Dios guiaba a David. Siendo rey, sabía que delante de Dios era un siervo más, que debía exaltar el nombre de Jehová, por eso dedicó danzas que exaltaban el nombre del Señor, sin importar lo que los demás pensaran.

Sin duda, la humillación y exaltación de David delante del Señor fue un gesto de amor que a Jehová le encantó. Poco después de la danza del rey, en 2 Samuel 7 podemos apreciar cómo Jehová hizo el pacto con David estableciendo un reinado eterno, mismo que se cumplió en el nacimiento del Mesías. Es delante de Jehová que debemos humillarnos, y humillarse se traduce como guardar respeto o reconocer que delante de Dios somos pequeños y no somos dignos de su misericordia; es a Jehová a quien exaltamos, porque Él nos escogió.

«Incluso me humillaré y me haré más vil delante de Dios...» porque Él nos ha escuchado, y ese gesto agrada a Dios. El no limitar su poder, ni rechazar su presencia, guardándola en nuestros corazones, humillándonos delante de Él y exaltando su nombre, hace que Dios tenga misericordia de nuestras vidas.

[Basado en 2 Samuel 6]

21 – ENAMORAR AL HOMBRE PARA CRISTO

Jesús es amor, y el amor es el puente que conduce al hombre a Dios, bosquejando una conexión divina que eleva el espíritu.

A lo largo de mi recorrido como cristiano, me he encontrado con personas que anhelan conocer a Jesús, no obstante, su fe es mermada por el miedo de ser criticados y señalados.

He escuchado a personas inconversas manifestar que les apetece acercarse a Dios y alimentar su fe, para poder comprender lo que se siente al tener la fe cristiana que hace creer inmensamente en un grandioso Dios. No obstante, algunos no se acercan al Señor por la incidencia que han tenido los pensamientos de los cristianos a la hora de convencer al mundo para seguir a Cristo, pues muchos intentan persuadir mediante el señalamiento y el miedo, haciendo, pues, que el hombre se enemiste más con Dios. El Evangelio no se trata de dar miedo; seguir a Cristo no nace de una obligación, sino del corazón.

Asimismo, el Evangelio tampoco se trata de hablar cosas que el hombre quiere escuchar, lo que es endulzar sus oídos con palabras producidas por los criterios subjetivos de la carne. Es bonito que nos digan cosas hermosas, pero es magnífico cuando nos hablan con la verdad. Pablo le dijo a Agripa: «No estoy loco… sino que hablo palabras de verdad y de cordura». Como bien sabemos, Cristo es la verdad (Juan 14:6), el hablar con la verdad es hacerlo como nuestro Señor lo hizo.

Jesús pagó el precio que permitió llevar a Dios a todas las personas, sin importar de qué linaje sean o a qué cultura pertenezcan. En los Evangelios se narra que Jesús se acercaba a interrogar asiduamente a quienes oían el mensaje, y lo hacía con amor, por eso lo seguían, porque el convencimiento de Jesús no fue lavar el cerebro, sino restaurar el corazón.

Hay que desarrollar la conversación en Cristo; es decir, no hablar conforme con nuestros deseos, sino cómo Jesús quiere que ministremos. Con esto logramos testificar sobre la gracia de Cristo que involucra el respeto que debemos tener por las personas, sabiendo que somos seres humanos y que no somos perfectos, y teniendo el convencimiento de que ellos son amados por Dios.

Si no has leído el devocional «El testimonio del verdadero amor», te invito a leerlo, porque es necesario que las personas sientan que las amamos, incluso si discrepamos en opiniones, pues con el respeto se gana al mundo. Debemos mostrar el amor que Cristo nos da, ya que somos testimonios de Él.

Es importante analizar los problemas que obstaculizan a una persona que quiere seguir a Cristo; debemos vislumbrar sus dudas. Seamos pacientes, un árbol no dará fruto por el tiempo, sino por el cuidado. Si nos apresuramos en hacer cambiar a una persona, probablemente con el tiempo se convierta en un fruto vulnerable. Queridos hermanos, sigamos el ejemplo de nuestro Maestro, y respiremos en Dios y en la gran obra que el Espíritu ha empezado en nosotros. ¡Amén!

22 – EL VERSÍCULO MÁS TRISTE DE LA BIBLIA

> El hombre necesita urgentemente a Jesucristo en su corazón para evitar perderse en la oscuridad perpetua del mundo.

Apocalipsis, posiblemente el libro más misterioso de la Biblia, describe la meta más hermosa por la que todo creyente se esfuerza para alcanzar; no obstante, de la misma manera, conceptualiza el lugar más desagradable que pueda existir. Sobre todo, hay un verso en particular en este sublime y sobrenatural libro que, lastimosamente, se cumplirá. Algunos teólogos y estudiantes de las Escrituras lo han denominado como «El versículo más triste de la Biblia», refiriéndonos específicamente a Apocalipsis 20:15.

Ahora bien, hago hincapié en que es una profecía, pues solamente el hombre decide si quiere que se cumpla esto en su vida o acepta el cambio para vivir el glorioso evento aludido en Apocalipsis 20:6.

Si el incrédulo va en contra de la iglesia o de las religiones, que vaya en contra de ellas, pero nunca debe ir en contra de Dios; pues algunos se escudan en la negación de la teología por diversas formas de pensar, sin embargo, pudieran encontrar las respuestas en la Biblia a las tantas preguntas que les surgen, pero no quieren hacerlo. Prefieren vagar por las sendas de perdición.

«El que no se halló inscrito...», esta frase insinúa el tiempo que tuvo el hombre para seguir a Cristo, pero toda su vida se la pasó rechazando el mensaje. Y no, esto no se trata de atemorizar al pueblo, pues como lo mencionaba en el devocional «Enamorar al mundo para Cristo», el Evangelio no se trata de miedo. No obstante, es importante recordar que el infierno es real.

¿Sabes por qué este versículo es considerado, por muchos, como el más triste? Básicamente Jesucristo aboga por el hombre (1 Juan 2:1), y mientras Él era condenado y humillado, de su boca no salió palabra de maldición, pues comprendía que la ignorancia de los que lo atacaban obstaculizaba sus pérfidos corazones. Por ende, la Biblia menciona en 2 Pedro 3:9 que el Señor no quiere que nadie perezca o se pierda, por eso su venida aún no se cumple. Ahora bien, es por ello por lo que Apocalipsis 20:15 provoca tristeza en el corazón de Dios, pues cuando un pecador se arrepiente hay gozo en el cielo. Jesús no quiere que el hombre se pierda, pero Él demuestra su poder a mujer u hombre que lo retan descomunalmente.

El hombre tiene un problema, y es que, lastimosamente, no desea vivir el diseño que Dios ha preparado para su vida, queriendo vivir su propio diseño, con sus propias ideologías, creando costumbres y hechos abominables delante de los ojos de Dios. Estamos completamente seguros de que aquellos que lo recibieron y anduvieron conforme con la voluntad del Hijo Santo: Jesucristo, serán vestidos de atavíos blancos entre la multitud, y en su cabeza portarán la corona de la vida eterna.

<u>«El que no se halló inscrito en el libro de la vida, fue arrojado al lago de fuego».</u>

23 – LA MAGNÍFICA PRESENCIA QUE ME ACOMPAÑA SIEMPRE

Dios es la sabiduría que guía nuestros pasos y la belleza que llena nuestras vidas con su amor incondicional.

En el vasto camino que he recorrido me he preguntado si valdrá la pena dejar todo por seguir a Dios. ¿Valdrá la pena abstenerse a las propuestas que hace el mundo e incluso alejarse de un entorno que no edifica? Es evidente que un hijo, aunque tenga el rechazo de muchos, va a tener siempre el respaldo de su padre.

«Alzaré mis ojos a los montes; ¿de dónde vendrá mi socorro? Mi socorro viene de Jehová...», la certeza del salmista a la hora de componer este cántico es magnífica, pues comprendía que tenía el respaldo eterno, un respaldo que no es destruido ni por mil dardos que lance el enemigo. El salmista tenía la convicción de que su socorro provenía de Jehová. ¿Recuerdas la lucha de Jacob y el ángel en Peniel? Prácticamente Jacob se aferró a la bendición de Dios, sin afectarle lo que a su alrededor sucedía.

El Salmo 121 expresa la inmensa confianza que tenía el salmista, entendiendo que su vida había sido sujetada por Dios. En el día estamos expuestos a ser atacados por el enemigo, pues no sabemos los planes inicuos que tenga contra nosotros. ¿Que si vale la pena seguir a Cristo? Vale mucho más que eso, vale una vida y un gozo que nunca acabarán, por eso nos refugiamos bajo las alas de un Dios que es eterno. Nuestro regocijo se perpetúa en la dicha del amor, la gracia y el perdón de Jesucristo, el cual bosqueja hermosos planos de esperanza para nuestras transitorias vidas.

No nos gozamos por un par de horas como lo hacen muchos, nuestra alegría no es solamente en las noches y luego acaba en la mañana. ¡No! Nuestra alegría perdura porque está cimentada en un Dios eterno.

Es indudable que, cuando salgo de mi casa, su presencia va conmigo; en los lugares donde voy fuera del hogar, su compañía jamás me abandona; regreso a casa, y su presencia sigue conmigo; en mi entorno personal, su presencia no me desampara. Ahora bien, ¿por qué lo sé si no lo veo? Porque fuera de mi casa existieron peligros a los que me enfrentaba, el enemigo estaba listo para atacarme y destruirme, pero he regresado sano y salvo a mi hogar. Soy vulnerable lejos de Dios, y si voy con Él, primero tienen que reducir su poder, ¡y con Jesucristo nadie puede, te lo aseguro!

Despierto, y sigo con vida, y eso es gracias a que Dios cuidaba mi sueño, quien me abrazaba toda la noche, y me decía: «Yo estoy contigo». Siento su amor, porque mi Cristo no está muerto. Aunque los demás me vean caminando solo, recuerden que a mi lado va el Rey de reyes.

24 – LA PAZ QUE EL MUNDO NECESITA

> La paz se logrará cuando la humanidad abrace a Dios como el único guía hacia la armonía global.

El tiempo pasa, y cada vez la teoría de la inexistencia de Dios se basa en «si Dios existe no habría sufrimiento, habría paz». Nuestra confianza está totalmente fortalecida en Dios, quien nos habla mediante su Palabra, misma que nos da las respuestas a las tantas preguntas que nos nacen, y, como seguidores de Cristo, sin ver hemos creído, pues lo pasajero se ve, pero lo invisible es eterno (2 Corintios 4:8). El hombre es pasajero, pues tiene fecha de caducidad, nuestro Dios no se ve, pero es eterno.

Ahora bien, en la actualidad la humanidad ha decidido rechazar el verdadero mensaje por seguir teorías que surgen día a día. El mundo sufre, la paz ha menguado en nuestro entorno y nada ha podido traer tranquilidad al océano de amenazas e intranquilidades que el hombre se ve expuesto. Día a día escuchamos hechos trágicos en las noticias y nos atemorizamos porque en distintos países suceden hechos desastrosos. Guerras y disociaciones llevan al mundo a envolverse en la negligencia y la rebeldía contra el Creador.

No hay remedio ni tropa o ejército que pueda dar la tranquilidad que esta tierra verdaderamente necesita. La maldad de los hombres se propaga, y lo más triste es que ellos quieren una respuesta sin buscarla, porque, en lugar de buscar esa respuesta que tanto anhelan escuchar, pierden su tiempo y, sobre todo, su vida enamorándose de las pasiones de un mundo que día a día se corrompe más. La oración ha sido eliminada, y Dios, en 2 Crónicas 7:15, manifiesta que sus ojos serán abiertos y sus oídos estarán atentos a las súplicas de un pueblo rebelde. ¿Dudas del amor de Dios?

¿Recuerdas lo que pasó con Salomón? Dios hizo un pacto con Salomón como lo hizo con David. La diferencia es que David cumplió su parte y, por lo tanto, Dios la suya, ya que, si no hubiese sido por eso, el reinado de David hubiese terminado cuando Salomón desobedeció el pacto que tenía con Dios. Precisamente, Jehová advirtió a Salomón sobre las consecuencias si desobedecía el pacto. Por ende, mencionó: «Y se responderá: Por cuanto dejaron a Jehová Dios… y han abrazado a dioses ajenos, y los adoraron y sirvieron; por eso Él ha traído todo este mal sobre ellos». Y no, Dios no es responsable de lo que pasa en el mundo, simplemente el hombre afronta las consecuencias de sus propios actos.

Solamente la Palabra de Dios puede dar la paz que la tierra tanto quiere; solamente Dios puede dar al hombre la tranquilidad ante la inquietud extensiva. El libro más famoso y hermoso, la Biblia, muestra la grandeza de nuestro Dios, su poder y misericordia. No, Dios no odia al mundo, ¿cómo puede odiarlo cuando envió a su Unigénito a morir por él? Dios no es responsable de los actos vergonzosos que el hombre hace, pues el hombre es quien rechaza al Señor y quien blasfema contra Él.

25 – ¿DE QUÉ ATEMORIZARNOS, SI DIOS ES NUESTRA FORTALEZA?

> Dios es el ancla que sostiene nuestra vida y fe; en Él descansa nuestra confianza.

Creemos que Dios está con nosotros, incluso es lo que profesamos día a día. Entonces, la pregunta es: ¿hay razón alguna por la cual debemos atemorizarnos, si sabemos que con nosotros está Jehová de los ejércitos? Nuestras vidas son fortalecidas asiduamente por Dios. Por lo tanto, ni el terror nocturno, ni los hechos del enemigo, ni las tinieblas pueden vencernos si caminamos con, por y para Dios.

Confiamos plenamente en que en el Señor no nos ocurrirá ningún mal y ningún daño nos infligirá. Aquel que vive en armonía y sujetado en la voluntad de Dios está resguardado de todos los peligros que pueden ser causados por el enemigo.

Para mantener una confianza sólida y genuina en nuestro Padre celestial, simplemente debemos permanecer diariamente bajo su gloriosa e inalterable presencia. La preparación más efectiva y el refugio supremo se encuentran al entregar nuestro sacrificio, corazón, metas y vida por completo a Dios.

David, siendo un pequeño varón, no tuvo miedo alguno cuando decidió pelear contra el gigante, pues sabía que quien iba a vencer al gigante no era él, sino Jehová. A Esteban no le atemorizó proclamar el Evangelio de Cristo ante una audiencia mayoritariamente incrédula, sin importar las consecuencias que atravesaría. No guardó silencio, pues reconocía la presencia del Espíritu de Dios sobre él.

Si David hubiese temido a sus enemigos, no hubiese llegado al trono; e incluso, por el temor a sus enemigos y no a Dios, Saúl fue expulsado del reinado de Israel. Dios ha dado alegría a nuestros corazones, por lo tanto, no hay razón para estar tristes o enojados cuando tenemos el motivo más grande para sonreír: saber que Cristo nos ama y que día a día nos levanta de nuestras aflicciones.

¿De qué debemos preocuparnos, si la luz de Cristo nos guía? Desde que nos encontramos con el Señor, no existe nada que pueda hacernos retroceder y ningún obstáculo puede impedir nuestra dicha al vivir en el amor imperecedero de Cristo.

David mencionó en el Salmo 4:8: «En paz me acostaré, y asimismo dormiré; porque solo tú, Jehová, me haces vivir confiado». Imagina a David, acosado por numerosos enemigos que lo perseguían incansablemente proclamando estas palabras. No obstante, él no cedía al temor, sino que confiaba plenamente en que Dios lo guardaría de los perversos que lo perseguían.

El enemigo tiende a atacar con insistencia a un espíritu infundido de la presencia de Dios, ya que un espíritu que busca al Señor de manera constante y sincera representa una amenaza para el reinado del diablo. Por lo tanto, el enemigo procurará su destrucción. Un espíritu que se encuentra saturado de la presencia de Dios, está igualmente fortalecido por el poder sobrenatural de las alturas. Entonces, no temamos a las amenazas del enemigo, pues vivimos con seguridad en la maravillosa protección de Jesucristo.

[Basado en el Salmo 4]

26 – EL DIOS DE LA BIBLIA

La inmensa e integra santidad de Dios no tolera el pecado, pero su amor redentor es un puente hacia la reconciliación.

Mediante diversos sermones hemos creado un concepto erróneo de Dios, pues el hombre, en sus pensamientos, supone con facilidad que el libre albedrío que Dios le otorgó es agradable para el Señor. Siendo más explícito, el hombre piensa que todas sus acciones son aprobadas por el Padre, presentando, de esa manera, a Dios según su propia conveniencia, que corresponde a cualquier decisión, sin importar que sea abominable y, sobre todo, que soporta la blasfemia.

No siempre Dios fue comprensible con el hombre. Precisamente, para que el pecado del hombre sea justificado es que vino Jesús a esta tierra, porque Dios es perfecto y puro, y en su pureza no puede habitar el pecado. Entonces, para ello el hombre tenía que ser redimido para poder sujetarse en el perdón y la reconciliación divina. El pecado hizo que Dios se ocultara del hombre, pues los ojos del ser humano, siendo sucios, no pueden observar fijamente los ojos puros que tiene Dios. Es por eso por lo que la Biblia menciona en Mateo 5:8 que solamente los de limpio corazón verán a Dios (esto es producto de su pureza).

<u>Dios nunca renunció a la idea de reconciliarse con la humanidad.</u> Subrayo esto porque fue el Señor quien se reconcilió con nosotros, en lugar de ser

nosotros quienes nos reconciliamos con Él, como estamos acostumbrados a decir constantemente, pues el esfuerzo para lograr esta mediación lo padeció su Hijo —quien se hizo carne por nosotros, con el fin de podernos acercar a Él—, no la humanidad.

Es cierto que nosotros tomamos la decisión de buscar la reconciliación con Él, pero fue Dios quien construyó el camino para que podamos hacerlo. ¡Qué privilegiados fueron aquellos que siguieron y conocieron a Jesús! Pues Él encarnaba la imagen de un Dios que previamente había permanecido oculto.

Fue el pecado que condenó al hombre a ser castigado, y el Padre, a pesar de cómo el hombre se comportó con Él, entregó a su Hijo, quien por medio de su muerte nos declaró el poderoso amor de Jehová. Fue por aquel gesto hermoso de Cristo que hoy podemos ser llamados «hijos» de un Padre que nos ama incondicionalmente. De otra manera, hubiese dejado que nos perdiéramos.

El Dios de la Biblia es un Dios que no tolera el pecado, y por eso nos abre la puerta, que es Cristo, para que podamos entrar a una redención sobrenatural. La Biblia dice que la paga del pecado es la muerte. Por ende, quien quiera vivir debe seguir a Cristo.

27 – EL ENFADO NO ES LA SALIDA

> Cada acción es controlada por Dios, quien diseña propósitos, fortaleza y crecimiento en nuestra vida.

Hay veces en las que se nos olvida que Dios tiene un propósito en nuestras vidas, ya que tomamos por poco las acciones del Señor. Es decir, no queremos actuar de acuerdo con su modelo, sino con el que nosotros hemos diseñado conforme con nuestro egoísmo. Jonás huyó y se enfadó con Dios, y el Señor le preguntó: «¿Haces bien enfadándote?».

Nínive fue una de las ciudades que obtuvo la misericordia de Dios. Inicialmente, Jonás había profetizado su destrucción debido a sus malas acciones. Sin embargo, la ciudad se arrepintió de sus ignominiosos caminos y eligió seguir al Dios de Israel. Esta transformación aturdió a Jonás, ya que, en su limitado entendimiento, creía que Dios lo había hecho quedar como un «falso profeta» ante una ciudad rebelde. En realidad, lo que sucedió es que Jehová reveló a Jonás como un profeta que tocó el corazón de un pueblo extraviado y lo condujo hacia el redil de la misericordia divina. Quizá la actitud de Jonás refleja lo que a menudo nos sucede: querer que se cumpla nuestra voluntad.

Cuando las cosas no se desarrollan según nuestras expectativas, llegamos a compartir la actitud de Jonás, ya que nos resulta difícil percibir que Dios a veces nos aleja de lo que podría perjudicarnos en el futuro. Quizá esa desgracia nos lleva a blasfemar en contra de Él.

El cantante Alexis Vélez, conocido artísticamente como Alex Zurdo, mencionó: «Tus planes serán destrozados por Dios, para que no te destruyan a ti». El miedo y el enojo no son la mejor salida. Sin la protección de Dios no somos nada.

Ahora bien, ¿ganas algún galardón enfadándote con Dios? Jehová pudo buscar a otro profeta cuando Jonás desistió a su llamado, pero Él quería hacer una obra extraordinaria en Jonás, y la tenía que cumplir.

El enojo no siempre es malo, pues Jesús se enfadaba con los fariseos por la falsa doctrina que le impartían al pueblo. No obstante, lo que siempre va a resultar perjudicial para nuestras vidas es enojarnos con Dios, además de no saber controlar nuestra ira.

Solamente respóndete a las siguientes preguntas: ¿Quién soy al lado de Dios? ¿Tengo el derecho de enfadarme con Él? ¿Hacia dónde me lleva la ira? ¿Cuáles serían las consecuencias de mi impaciencia? ¿Cuál es mi valor lejos del Padre?

Dios nos corrige y nos ordena que no dejemos que el enojo domine nuestros corazones. La ira es una emoción más; no obstante, si no la sabemos manejar, se convierte en pecado, pues algunas veces la ira nos ciega y nos lleva a blasfemar contra Dios. Pablo mencionó en Efesios 4:31 que la ira no debe permanecer en nosotros.

Por eso, hermano, es importante tener mansedumbre en nuestras acciones, dejando, de esa manera, obrar a Dios. Un consejo práctico para apaciguar la ira es la oración, ya que es importante que día a día nos postremos delante de Cristo para que cambie nuestra forma de pensar y, sobre todo, que nos ayude a cuidar nuestras palabras y ser pacientes en su llamado. Controlemos el nivel de nuestro carácter.

28 – DEL PROCESO TRANSITORIO AL TRONO INMORTAL

La palabra de Dios es constante y perenne en esta efímera vida.

Jesús es el hombre que atravesó el proceso más doloroso e importante de la historia, pues el Maestro sufrió no solamente los golpes que recibían su cuerpo, sino también su corazón se entristecía por la rebeldía e ignorancia de los fariseos. Uno de los gestos que caracterizó la obediencia de Jesús fue la humildad en su corazón, pues siendo santo no permitía que lo llamaran así, esto nos lo hace saber el Evangelio de Marcos 10:18.

Como lo mencionaba anteriormente, Jesús atravesó el proceso más doloroso, pero las Escrituras nos hacen conocer que después de dicho proceso, nuestro Señor ascendió al cielo y se sentó a la diestra de Dios, y no se sentó en un trono efímero, sino eterno.

Después de un proceso que es grato para los ojos de Dios, el Señor nos hace descansar en su promesa. Jesucristo consumó su obra en esta tierra, obra por la cual hoy podemos testificar sobre su inmenso amor. Luego de cumplir su misión y atravesar un dolor pasajero, el Señor volvió a su lugar perpetuo: su trono indestructible.

«Un pueblo que abandona el desierto no verá la tierra prometida». Pablo le dijo a la iglesia de Filipos, en Filipenses 1:29, que un cristiano no solamente debe creer en su Señor, sino también padecer como Él lo hizo, pues un día esteramos reunidos en su mesa, portando la corona que Él nos obsequiará.

Todo pecado en nuestras vidas es borrado por la misericordia de Jesucristo, porque nuestro Señor culminó su obra de redención, misma que podemos encontrar cada vez que nos acercamos a Él con sinceridad y transparencia. No hay proceso ni obstáculo que puedan detenernos, porque Jesús los atravesó y venció por nosotros. No miremos atrás, esforcémonos y creamos en las promesas de Dios.

Pablo veía con iluminación una realidad: las aflicciones pasajeras de este tiempo no se comparan con la gloria que en nosotros se manifestará (Romanos 8:18), porque un día diremos: «He cumplido complacidamente mi misión, sin mirar atrás».

Después de un proceso largo, doloroso y sufrido, el Señor nos hará descansar en el trono eterno que nos tiene preparado. Hermanos, roguemos día a día a nuestro Dios que perfeccione y afirme en su poder nuestras fuerzas, para permanecer en el proceso por el cual hemos sido llamados para probar nuestra paciencia y fe, conociendo que el día llegará y con el Señor habitaremos en su Reino. ¡Amén!

[Basado en Marcos 16]

29 – EL TEMOR DEL DIABLO

> Con cada paso hacia la reconciliación con Dios, el alma del hombre se fortalece y el poder del diablo se debilita.

El diablo no es tan fuerte como cree. Pero ¿tiene autoridad sobre el hombre? Sobre un hombre que vive sin Cristo, innegablemente sí; pero sobre una iglesia unida en oración, ¡jamás! El diablo es el instrumento que Dios usa para probar la fe, la disciplina y obediencia de un cristiano. Pero... ¿a qué le teme el diablo? Basémonos en dos puntos, pero antes hay que dejar en claro que él no tiene autoridad sobre la roca inquebrantable: Cristo.

Ahora bien, el diablo teme a una iglesia unida en oración. A menudo se ha mencionado que el enemigo no se inquieta por la cantidad de miembros en una iglesia, sino que su verdadero temor reside en una congregación que vive en conformidad con la voluntad de Dios, ya que esto representa una amenaza para su débil, inicuo y atroz dominio.

Esto se puede reflejar en la actitud de los fariseos, pues el temor de los maestros de la ley era que el pueblo siguiera a Jesús. En los Evangelios podemos discernir que ellos se alborotaban cuando se enteraban de que el Maestro había sanado a un enfermo o levantado a un muerto. Los fariseos consideraban que nadie podía alcanzar su nivel de «perfección», una actitud que es compartida con el diablo, quien fue desterrado del cielo debido a su deseo de usurpar el trono de Dios.

Poco después de la ascensión celestial (Hechos 1:9), cuando los fariseos veían un grupo congregado en el nombre de Jesús, se atemorizaban. Por ende, constituyeron una persecución asidua y tormentosa contra los fieles de Cristo. Esta persecución se asentaba en exterminar a toda criatura que profesara sobre el Evangelio estipulado por Jesús, pues no querían que su nombre se propagara por las naciones.

Es curioso que uno de los principales artífices en abolir el cristianismo fue el mismo que terminó propagándolo y multiplicando sus seguidores por las naciones, refiriéndome a Pablo, pionero en llevar el Evangelio a los gentiles. En pocas palabras, el temor de los fariseos era que el nombre de Jesucristo no sea conocido por los demás, ese mismo temor lo comparte el diablo, quien sabotea la evangelización.

Es por eso por lo que hemos sido llamados a vivir llenos del Espíritu, y no tanto de personas, pues Jesús expresó que donde estén dos o tres en su nombre, ahí estará su prestigiosa presencia (Mateo 18:20).

El diablo temió cuando el Maestro manifestó que iba a morir para limpiar los pecados de la humanidad, esto se puede evidenciar en el evento de Mateo 16:22-23. La muerte de Jesús fue el temor más grande del diablo, ya que, aunque por fuera se sentía vencedor, por dentro sabía que había sido derrotado. Por eso, cuando una persona decide pasar de muerte a vida, el diablo teme. Esto le hace recordar nuevamente su derrota en la cruz. El diablo hizo todo para detener a Jesús, pero al final su esfuerzo fue en vano. Te invito a seguir a Cristo y permanecer en oración día a día para debilitar las fuerzas del mal.

30 – LA FIDELIDAD DE JEHOVÁ ES PARA SIEMPRE

La fidelidad de Dios es como un río inagotable que fluye eternamente, sustentando nuestras almas en cada momento.

Quien ha depositado su fe en Jehová ha creído en su invulnerable y maravilloso poder. En Él confiamos y celebramos su magnífica fidelidad. Basados en 2 Tesalonicenses 3:3, sabemos que el Señor nos mantendrá firmes y nos librará de todo mal.

Con alegría anunciamos las maravillas que Dios obra en nuestras vidas, testimonio de sus milagros y sanaciones. El Señor es nuestro sanador, y ningún demonio ni enfermedad pueden igualar la grandeza del Poderoso de Israel, ya que incluso obedecen y temen a Jehová.

El amor del Señor no conoce la palabra «fin». De la misma manera, jamás expira su bondad, porque su fidelidad es grande y es hermoso sentirse amado por Él cada segundo. Es hermoso saber que tenemos refugio en sus brazos que buscan arroparnos. Asimismo, es hermoso saber que dependemos únicamente de Él, y que cada situación es controlada por sus perfectas y pulcras manos. El salmista le declaró a Dios en el Salmo 40:11: «Que siempre me protejan tu amor y fidelidad». Su Palabra nos sostiene y nos da fuerza, ya que es vitamina para nuestro espíritu. Él nos guarda, nos ayuda y nos sana.

Dios es el que nos conoce profundamente, comprende cada rincón de nuestro corazón, capta nuestros pensamientos y percibe el amor que le profesamos.

Ten fe en Dios y mantente firme frente a las adversidades. Encuentra tiempo para alabar al Señor en tu día a día, ya sea que tengas o no una relación comprometida con Él, pues no hay experiencia más gratificante que pasar tiempo en su presencia. No te limites solo a creer en Él; muestra gratitud por su inagotable misericordia y fidelidad.

La misericordia de Dios se renueva constantemente, y su fidelidad es eterna, restaurando nuestro corazón después de que a veces lo agotemos en emociones efímeras e infructuosas.

Hace poco tiempo me encontraba en un acto de adoración a Dios, y una alegría profunda invadió mi ser. Me regocijaba en el sentimiento de ser amado, un amor que, sin lugar a duda, supera mis méritos, pues no siempre mis acciones son íntegras y decentes; no obstante, su amor persiste. La fidelidad de Dios me cautiva cada día más, y anhelo quedarme en su dulce presencia sin dar un paso atrás. Tras cada oración, mi amor por Dios se profundiza, y con cada día que pasa, se hace evidente que no existe mayor privilegio que seguirlo. Mi fe en Dios es inconmovible; confío en su fidelidad, en su amor, en sus hazañas y milagros. Creer en el Señor es creer en los prodigios que Él realiza diariamente. La fidelidad de Jehová perdura eternamente, ¿compartes esa convicción?

[Basado en el Salmo 117]

31 – LA PETICIÓN DE ELISEO

> La pasión en nuestra búsqueda del Espíritu Santo es la llave que abre la puerta del amor transformador de Dios en nuestras vidas.

Hay una historia en la Biblia que denota las ganas de un siervo que quería tener la unción de su señor, para que el ministerio profético que quedaba en sus manos no perezca. ¿Qué le pidió Eliseo al profeta Elías antes de heredar el ministerio? Como lo dijo el profeta, «cosa difícil» pidió, pues Eliseo suplicaba que una doble porción del espíritu de Elías esté sobre él. Ahora bien, Eliseo no buscaba ser superior a Elías, tampoco deseaba obtener mayor reconocimiento por el pueblo. Jesús expresó: «Un discípulo no puede ser mayor que su maestro, ni el siervo puede considerarse más que su señor» (Mateo 10:24).

Lo que Eliseo quería era desplegar el ministerio profético como lo llevó Elías, pues ansiaba sentirse digno de heredar un ministerio recto, sobre todo, que Jehová se siguiera manifestando a través de él.

Elías le dijo «cosa difícil», debido a que los dones no los da el hombre, sino Dios. Es por eso por lo que la señal si se le proporcionaría o no la capacidad de llevar el ministerio, era que Eliseo pudiera ver cuando Elías fuese recogido por un carro de fuego en medio de un torbellino de fuego. La Biblia menciona que Eliseo sí pudo verlo, e incluso, en 2 Reyes 2:15, alude que los hijos de los profetas decían que el espíritu de Elías reposaba sobre él, esto porque la señal se había confirmado.

Ahora bien, nosotros los cristianos nos hemos propuesto anunciar el Evangelio que Cristo anunció, un mensaje que no podemos manipular según nuestra conveniencia. Es por eso por lo que el ministerio de Jesucristo debe mantenerse firme, anunciándolo conforme con el Espíritu y no con nuestras ideas; ya que cuando nuestro señor ascendió nos heredó su ministerio, con el fin de que proclamemos su nombre de nación en nación y a cada persona (Marcos 16:15).

El Espíritu del Señor está sobre nosotros —como lo dice Isaías 61:1, profecía que habla sobre el ministerio de Cristo—, para llevar el amor de nuestro Señor a los demás.

Deseamos que Dios continúe manifestándose en nuestras vidas, de la misma manera en que Eliseo anhelaba que Dios se manifestara en la suya cuando asumió el ministerio de Elías. Por esta razón, afirmo que aspiramos a proclamar y presentar a Dios como lo hizo Jesús. ¿Cómo percibe el mundo a Cristo? A través de nuestro testimonio.

Si deseamos atraer al mundo hacia Jesucristo, debemos comenzar por cautivar nuestro propio espíritu con su presencia, demostrando que somos capaces de propagar la Sana Doctrina por el mundo y sembrar la Buena Semilla en los corazones de los incrédulos.

[Basado en 2 Reyes 2]

32 – «DAME DE BEBER»

El agua de Dios es un manantial de vida que supera cualquier otra fuente terrenal; su frescura purifica el alma.

Cuando leí el Evangelio de Juan 4, el cual narra un encuentro maravilloso y oportuno entre Jesús y una mujer samaritana, me llené de regocijo. Uno de los pasajes bíblicos más populares. En este pasaje Dios nos revela que el Señor y la samaritana hablaban de «agua», pero eran aguas desemejantes: Jesús hablaba del agua de la vida eterna, mientras que la samaritana hablaba del agua que quitaba la sed, malinterpretando lo que Jesús le dijo.

Jesús le expresó a la samaritana que si supiera quién le hablaba, ella diría: <u>«Dame de beber»</u>. Ahora bien, hay dos puntos que hay que resaltar en este pasaje: Primero, el encuentro de una persona que no era digna de hablar con la otra, pues como bien sabemos, judíos y samaritanos no se trataban bien; por lo tanto, llevando esa analogía a nuestra naturaleza, sabemos que no somos dignos del amor de Dios y que, naturalmente, estábamos rezagados de la verdad divina y del abrazo paternal de Dios. En segundo lugar, este pasaje resalta la importancia de acercarnos a la fuente, como lo hizo aquella mujer; sabiendo que estaba en una tierra donde no era bien vista. Sin importarle aquello, su fe atrevida hizo que se acercara a la fuente, quizá con otro propósito, pero ¿¡quién le iba a decir que ese mismo día rutinario, cansado y, sobre todo, atormentado iba a encontrarse con la fuente de agua viva: Jesús!?

Cualquiera que se acerque a Cristo será saciado por el agua que Él ofrece. Por eso, lo primero que debemos hacer es lo que hizo la samaritana: perder el miedo y acercarnos a Dios sin importar que el mundo nos vea como unos «fanáticos». Recuerda que somos ovejas en medio de lobos rapaces. Es importante conocer que aquella mujer llegaba afligida a la fuente, sobre todo, llegaba con pecados; no obstante, eso no fue impedimento para que el Señor le diera de beber de su agua.

«Pero el que bebiere del agua que yo le daré, no tendrá sed jamás». Cualquiera que busque calmar su aflicción en los placeres del mundo, volverá a tener aflicciones; pero aquel que se refugia en Cristo, no volverá a ser turbado. *De la misma manera, cualquiera que busque a Dios solo los domingos, morirá en la semana.*

Beber del agua que Cristo nos ofrece, es vivir bajo su sensatez. Es decir, esforzarnos por vivir una vida digna delante de Él; esto es hacer el bien a los demás, amar y no condenar, porque hemos bebido de un manantial puro. La samaritana comprendió en su encuentro con Jesús que Él era el Cristo. Después de esa comprensión, se apresuró a difundir la noticia de su encuentro con el Salvador, solicitando a otros a conocerlo. De la misma manera en que ella sació su sed espiritual bebiendo del río de la verdad, guio a otros a hacer lo mismo.

Debemos actuar como la samaritana: ir a la fuente del Señor para que sacie nuestra sed, entender su mensaje divino, diciéndole: «Dame de beber» y gritarle al mundo entero que ya no vivimos nosotros, sino que ahora es Cristo quien nos gobierna. La fuente de vida eterna es Cristo, y hemos tenido un encuentro con Él, por eso hoy le decimos al Señor: «Danos de beber».

33 – EL PODER DE LA ALABANZA

El poder de la alabanza es la llave que desmorona las murallas del reino de las tinieblas.

Cuando entonamos cánticos a Dios, derribamos las fortalezas del reino de las tinieblas. La importancia de la alabanza va más allá de las ganas repentinas de cantar a Dios. ¿Por qué hay que alabarlo? ¿Cuál es la importancia y el poder de la alabanza? El Señor nos invita a alabarlo, incluso la Biblia menciona en repetidas ocasiones que, en medio de tribulaciones, los siervos de Jehová levantaban himnos en su nombre.

Alabar a Dios no es simplemente cantarle; alabarlo es vivir agradecido con Él. También, enaltecer su nombre refleja que entendemos que en medio de cualquier situación su Espíritu obrará. El salmista mencionó en el Salmo 139: «Tú me formaste desde el vientre de mi madre, te alabaré porque maravillosas son tus obras, y mi alma lo sabe muy bien». En pocas palabras, la alabanza es un símbolo de agradecimiento al Señor, y hace que nuestro espíritu tenga presente que las proezas de Dios son grandes.

La alabanza no la inventó un músico o salmista; la alabanza tiene presencia desde que Dios creó el mundo, pues Job 38:7 manifiesta que desde el inicio los ángeles alababan. Como mencionaba anteriormente, la alabanza va más allá de un simple cántico; es regocijarnos en el Espíritu y expresar nuestro amor a Dios con la creatividad de nuestro cerebro, utilizando melodías con las que el Santo Espíritu de Dios se manifiesta.

Los cánticos traen paz a nuestra vida, por lo menos eso experimentó el rey Saúl cuando un espíritu malo lo inquietaba. David, uno de los músicos más populares de las escrituras, expresó su amor, arrepentimiento y sus peticiones a través de diversos salmos. La palabra «Salmos» es la celebración poética expresada en cánticos a Dios, pues en medio de la alabanza habita su presencia (Salmos 22:3).

En la Biblia se menciona que los hijos de Israel levantaban cánticos en celebraciones, pues esto los regocijaba más. La alabanza es una herramienta de batalla, pues algunos de los objetos que utilizaban los hebreos para anunciar una batalla eran las trompetas y los shofares. Aunque no lo veas, cuando alabas al Señor, en la atmósfera espiritual empieza a caerse cualquier muro.

La alabanza se origina por la satisfacción y alegría de agradecer la misericordia de Dios; esta nace de nuestra gratitud. Tenemos un corazón agradecido y nos sentimos felices de seguir a Cristo, y nuestra alabanza llega al trono del Creador. En la alabanza podemos sentir cómo Dios se empieza a manifestar en nuestras vidas; de la misma manera, sentimos que el Espíritu nos toca, y, después de ese momento divino, dejamos de ser los mismos de antes, pues ahora el fuego del Espíritu está en nosotros. En la alabanza también sentimos que Dios nos ama mucho.

34 – EL VERBO INCLUIDO EN NUESTRAS ORACIONES

Jesucristo es la brújula que da dirección y propósito a nuestras vidas, transformando cada vicisitud en una senda de victoria.

Nuestro pasado, presente y futuro son controlados por el Verbo hecho carne. ¿Quién es el Verbo? Aquel que vino a este mundo a padecer por nosotros y se hizo carne. Es el Hijo de Dios, quien predicó la Palabra Eterna; de aquel que nos sujetamos día a día: Jesucristo.

Nuestro Señor siempre ha existido como el Unigénito de Dios desde el principio de los tiempos. No obstante, por amor descendió a esta tierra tomando forma humana.

A pesar de enfrentar todas las pruebas que el ser humano soporta, Jesús, siendo completamente humano, no permitió que la carne dominara su ser. En cambio, su espíritu prevaleció, ya que Él nunca experimentó el pecado y, a diferencia de la naturaleza humana, la maldad no nació con Él.

Jesús sufrió, padeció, fue traicionado, rechazado por muchos, negado por sus discípulos y tentado por el diablo y sus detractores, pero eso no impidió que cumpliera su obra en esta tierra. Ese Verbo debe estar presente en nuestras oraciones, pues su nombre quiere decir «Dios con nosotros», porque en cada momento es Él quien se acerca a nuestras vidas para darnos libertad y amor, como lo dice la profecía de Isaías 61:1.

Él está entre aquellos que adoran su nombre de corazón, en medio de aquellos que, sin importar tribulaciones, se regocijan en su presencia.

Lo único puro que tiene esta tierra es que en ella transitó y habitó Jesús, trayendo consigo la gracia y el perdón. Jesús fue el único hombre que tuvo autoridad sobre la carne. Cuando tenemos un encuentro con el Señor, vemos su gloria y nos da su perdón y misericordia, nos hace portavoces de su mensaje, nos sana y nos hace libres del pecado.

En la gramática, uno de los elementos importantes de la estructura de una oración es el verbo. Si se reemplaza el verbo, la oración se desarticula y carece de sentido. Como ejemplo, toma el verbo «perder» en la oración anterior; al eliminarlo, la oración resulta incoherente. Ahora bien, trasladando esta analogía al contexto de este devocional, podemos comprender que sin el Verbo (Jesucristo), nuestras oraciones y vidas carecerían de significado.

Si Jesús no está presente en nuestras vidas o si no buscamos su perdón antes de orar para ser escuchados, nuestras oraciones carecerán de la claridad necesaria al expresarse. Esto significa que, si el Hijo no mora en nosotros, tampoco estará presente el Padre, y viceversa. Por lo tanto, debemos gozarnos con los designios del Señor y siempre incluirlo en nuestros planes.

[Basado en Juan 1:14]

35 – JESÚS HECHO CARNE, DIFERENTE AL HOMBRE NATURAL

La perfección de Jesús siendo carne destaca la conexión entre lo divino y lo humano; por otro lado, nosotros, en la lucha asidua contra nuestro egoísmo y debilidad, resultamos vencidos.

Jesucristo, siendo el Hijo de Dios, se entregó en sacrificio por amor a nosotros. Descendió a la tierra en una forma humana, expresando su amor y justificándonos ante Dios. Jesús representa la humildad, la misericordia y el amor, ya que, durante su tiempo en la humanidad, simbolizó estos inigualables valores. Él vino a revelar a Dios como nuestra única esperanza, esparciendo su luz, bondad y compasión hacia todos. Brindó refugio en su Reino a los pobres y despreciados.

Nos purificó mediante el acto de entregarse por amor. Nuestro Señor no fue detrás de riquezas terrenales, sino más bien de la redención y la liberación de quienes estaban extenuados por el pecado. La humildad no reside en la insuficiencia de posesiones materiales, sino en la nobleza del corazón hacia los demás. Jesucristo, sin lugar a duda, demostró y continúa demostrando un corazón noble hacia nosotros. Él no conoció pecado, ni se dejó influenciar de las mentiras del fariseísmo; siempre fue auténtico.

Mientras caminó por esta tierra, no buscó las comodidades de la carne como el hombre está acostumbrado a hacerlo. Fue criticado por hablar de un Reino que nadie había visto, por expresar que ni el oro ni la plata se pueden comparar con su perpetuo y sublime Reino. El hombre va en busca del dinero y la fama, siguiendo sus placeres y queriendo ser popular para agradarle a quienes lo rodean, sin importar qué tengan que hacer, como actos que son abominables ante los ojos de Dios. A diferencia del hombre, Jesús no buscó la popularidad por hablar mentiras, se ganó el amor de quienes lo seguimos por hablar la verdad.

El hombre guarda rencor, no perdona y maldice a los demás; pero Jesús fue condenado y maldecido, sin embargo, de su boca no salió palabra que condenen a los demás. Fue humillado, y no buscó venganza; su nombre fue blasfemado, y dijo: «Padre, perdónalos, no saben lo que hacen». El hombre se fija en clases sociales, color de piel o costumbres de los demás, pero Jesucristo dejaba que los gentiles también lo siguieran, porque vino a salvarnos a todos.

Al hombre le importa permanecer en un grupo donde están los más populares, sin importar la incomodidad que sienta; se afana por rodearse de personas importantes, y no busca a quien verdaderamente importa: Dios. Mientras tanto, Jesús se reunía con los despreciados, los pobres y pecadores, y no con aquellos que vestían bien, como los fariseos, que por fuera ostentaban pureza y sabiduría, pero por dentro eran consumidos por las tinieblas y el veneno de su lengua. Al Señor no le avergonzó que las rameras o personas consideradas «viles», para el hombre, lo siguieran, porque todo aquel que quiere seguir a Jesucristo es recibido por el Padre.

Jesús fue carne al igual que nosotros, la diferencia es que Él no vivía en pecado. El hombre es débil, pues se deja manipular por la carne; en cambio Jesucristo dominó a la carne y no permitió que ella gobernara sobre Él. El hombre obedece al diablo y sus mentiras, pues accede a cada tentación; mientras que Jesús, sabiamente, rechazó a las propuestas del enemigo. El hombre busca ser servido, pues quiere conseguir todo fácilmente sin esforzarse; por otra parte, Jesús vino a servir y dar libertad a este mundo, como un siervo de Dios, mostrando la imagen del Padre a los demás.

El hombre busca tener siempre la razón, queriendo ser el mejor entre los demás; mientras que Jesús hablaba con la verdad, y, siendo Santo, buscaba la unidad de su iglesia, tratándolos a todos por igual. El hombre es hipócrita y mal amigo, con el tiempo se va quedando sin compañía, porque cuando la tuvo no la supo aprovechar. En cambio, Jesús es el Buen Amigo, y, en la actualidad, sigue ganando más seguidores, porque el Maestro es fiel y su misericordia es grande.

El hombre quiere tener magnificencias, casas hermosas, coches lujosos, dinero y fama; mientras que Jesús edifica residencias celestiales en su Reino para quienes lo siguen de corazón.

En un pollino nuestro Rey entró a Jerusalén. Él no ofrece oro ni plata, Él da algo mejor: salvación y vida eterna. La mayor riqueza es la espiritual. El hombre tiene que denigrar a los demás, hacer cosas abominables y hablar mentiras para ser conocido y ganar un par de «likes»; en cambio Jesús, con palabras que bendicen, se ganó el respeto de millones de personas. Jesús nos corrige, pero no nos humilla.

El hombre, en ocasiones, puede ceder a la traición, motivado por su propia conveniencia, convirtiéndose en un enemigo de aquellos que no le resultan agradables a sus ojos. Por su parte, Jesús se mostró como una representación de la fidelidad; todo lo que realizó, lo hizo por amor a nosotros. Entregó su vida en favor de aquellos que lo juzgaron, derramó bendiciones sobre un mundo que constantemente lo desestimó. Jesús, siendo completamente humano, se destacó por su superioridad moral y espiritual sobre el hombre terrenal. Jesucristo es, sin lugar a duda, el Buen Hombre y el Buen Dios. Su vida y enseñanzas sobrepasan los límites de la carne y representan un amor inconmovible por la humanidad, marcando un ejemplo inigualable de compasión y redención.

Jesús, el Buen Hombre y el Buen Dios, se instituye como el modelo supremo de amor y humildad en una época en la que los intereses egoístas siempre prevalecen. La Deidad hecha carne nos enseñó en el sacrificio que dio en la cruz —el cual fue realizado con un corazón colmado de compasión y amor—, a mirar más allá de nuestras diferencias y a buscar la redención a través del amor incondicional que encontramos en el Padre.

Admiramos a Jesús, quien fue sabio en todo momento. Estamos muy lejos de parecernos a Él siendo hombre. Es más… si lo intentáramos, obviamente fracasaríamos. Nadie, hermano, puede compararse con Jesús. ¡Qué privilegio tan grande para aquellos que compartieron tiempo con Él!

Recuerdo haber escuchado una vez a un hombre tener que escoger entre cinco minutos a solas con Jesús o diez millones de dólares. En su «sabiduría» eligió el dinero, justificándolo con que siempre está con Jesús, y que, por lo tanto, el dinero lo ocuparía para ayudar a los demás o apoyar a los ministerios. Es una buena reflexión, no obstante, es mil veces mejor escoger a Jesús por encima del dinero. Imagínate a solas con Él, físicamente hablando, ¡sería un privilegio grande! ¡Cuántas consejos sabios aprenderíamos de esa charla!

Es evidente que yo preferiría los cinco minutos a solas con Jesús, ya que, aunque sea poco el tiempo, con Él es eterno. Sin lugar a duda, me quedaría en silencio, solamente dejaría que Él hablara y, de esa manera, poder aprender sobre cómo llevar un buen ministerio y cómo hablarle o amar a la humanidad, así como Él lo hizo. Con esta charla aprendería que es más importante ayudar a la humanidad con el auxilio de la búsqueda de la senda de victoria antes que los bienes materiales que, como bien sabemos, cuando muramos todo se quedará en esta tierra. ¡Es más relevante el tesoro celestial que los tesoros terrenales!

El mensaje de Jesucristo permanece por los siglos, ese mensaje es un río de inspiración que desemboca amor y esperanza, recordándonos que, en un mundo saturado por el egoísmo, el amor y la fidelidad son los cimientos para una vida plena y armónica.

[Basado en Mateo 20:28]

36 – TOMA UN DESCANSO AL FINAL DE TU JORNADA

> En nuestro desahogo con Dios, nuestras cargas se convierten en oraciones y encontramos consuelo en su paz perfecta.

Es hermoso culminar nuestra jornada diaria y tomarnos un descanso hasta el día siguiente. Después de un duro trabajo en el día, al finalizar tomamos una pequeña pausa. El Evangelio de Marcos 6 expresa la misión de los apóstoles de Jesús, quienes anunciaron la Palabra de Dios a cada persona. Cuando finalizaron su jornada de evangelización, le contaron al Maestro todo lo que habían hecho: sanidades, sermones en el nombre de Jesús, liberaciones, etc.

Quiero resaltar dos puntos en esta pequeña reflexión: En primer lugar, la confianza que debemos tener con el Maestro; segundo, el amor de nuestro Señor, quien nos hace descansar después de cumplir con el llamado diario.

Los discípulos acudieron al Señor como una fuente de confianza, sabiendo que en Él podían expresar todos sus hechos en su misión y estar en un momento tranquilo descansando con Él. Hermanos, debemos tener presente que el Señor cada día tiene un propósito con nosotros, y, a cada lugar que vayamos, nos envía con una misión que debemos cumplir: anunciar sobre su poder. ¡Es hermoso culminar nuestra rutina y acudir a Jesús para descansar en sus brazos!

Sin querer, en nuestro camino nos encontramos con personas que necesitan de Dios, pues somos quienes el Señor ha puesto en este mundo sufrido como los portavoces de su mensaje. Es hermoso darle testimonio que animen al enfermo, diciéndole: «Yo estuve enfermo, pero el poder de Cristo me levantó. Él me sanó». O decirle al inconverso: «Yo fui esclavo del pecado, pero Jesucristo me liberó». Luego de todo esto, regresar donde nuestro Señor para contarle con alegría lo sucedido, sabiendo que Él lo sabe todo, pero con una sonrisa en su rostro nos escucha atentamente.

Soy de las personas que le cuenta con detalle a Dios todas las cosas, aunque sé que Él las conoce, pero es importante que no omitamos nada delante de su presencia. El hecho de que Dios sepa todo lo que hicimos en nuestro día no quiere decir que debamos callar, porque Él quiere que rindamos cuenta de nuestra misión y que nos sintamos en confianza para hablar confidencialmente. Incluso, en mis oraciones, le narro sobre las personas que conocí en mi día, mis conversaciones, etcétera; porque me siento en confianza con mi mejor amigo. Él sabe todo de nosotros y en sus brazos reposamos.

Cuando acabemos nuestra jornada de evangelización, tomemos un descanso en nuestro Señor, porque después de un día cansado, nos hace bien pasar un momento a solas con Jesucristo. Hermanos, a Dios le importamos, y por eso quiere instruirnos y formarnos de acuerdo con su diseño. No le ocultes nada y recuerda que Él es tu mejor amigo. Antes de tomar una decisión, debes consultarle, en primer lugar, a Él; incluso a Jesucristo debes consultarle qué te conviene y qué no.

Toma un descanso a solas con Dios y cuéntale cómo te fue en el día. ¡Él te escucha con atención!

37 – UN PRÍNCIPE EN TIERRAS EXTRANJERAS

> Nuestra residencia perpetua está en el Reino de Dios, ahí es donde nuestras almas encuentran reposo.

Todos los que siguen al Rey se convierten en príncipes de su Reino. ¿Quiénes eran los discípulos antes de encontrarse con Jesús, y quiénes llegaron a ser después? Es evidente que aquellos que respondieron al llamado del Señor solían ser pasados por alto por la sociedad. Por ejemplo, David fue un joven ignorado por muchos, hasta que Jehová lo eligió rey de Israel.

La Biblia nos enseña que Dios es experto es escoger a los que son considerados viles y despreciables en el mundo, para humillar a los sabios (1 Corintios 1:27).

Dios nos recuerda constantemente que tenemos un gran valor. ¿Acaso un hijo de Dios debe tener una baja autoestima? Dejemos esa inseguridad para aquellos que no conocen su verdadera identidad. Como príncipes del Reino de Dios, tenemos un valor incalculable. Incluso el Maestro nos comparó con una moneda perdida que, al ser encontrada por su dueña, desató una celebración en su casa; refiriéndose a que cuando un pecador se arrepiente, hay fiesta en el cielo (Lucas 15:8-10).

El nombre supremo de Jesucristo merece toda alabanza, pues su amor es inmenso y su gloria se manifiesta en todas las naciones. No hay otro Dios como el nuestro, que extiende su mano sanadora a los enfermos y levanta a los oprimidos del polvo. Él cuida a sus hijos y desde su trono divino los protege. Nos liberó del pecado y de la oscuridad espiritual que nos envolvía; nos condujo desde las tinieblas para cubrirnos con atavíos sagrados. Nos coronó como príncipes de su pueblo, invitándonos a su mesa. De esa manera, con alegría, proclamamos: «¡Soy un príncipe del Reino de Dios!».

Ahora bien, nuestra misión o conquista debe ser en esta tierra, para poder ganar el cielo. Aunque suene redundante, el Señor nos ha entregado una heredad para poder alcanzar la heredad celestial. Es por eso por lo que debemos vislumbrar que dos reinos se pelean por la conquista de una heredad: el reino de las tinieblas y el Reino del Señor. Entonces, esa heredad es esta tierra, por la cual nuestro Rey nos ha puesto aquí para conquistar al mundo para Cristo, y así un día gozarnos en el cielo. Somos príncipes que visitan el reino de este mundo para conquistarlo para Dios.

En el día de Jesucristo, todos tendremos que rendir cuentas ante el Creador. Aunque pueda parecer raro e incluso enfrentemos burlas del mundo, debemos recordar siempre que nuestra verdadera morada está en el Reino de Dios. Para ganar nuestro lugar, debemos llevar a cabo buenas obras en esta tierra.

Hermanos, somos príncipes con un alto valor, y no debemos avergonzarnos de seguir al Señor ni de nuestra identidad, pues Dios nos dice: «Antes de que nacieras, te santifiqué». Además, cada uno de nosotros tiene un propósito en este mundo. Te animo a que no temas hablar de Dios, para que más príncipes y princesas encuentren su camino al Reino del Señor. Protege tu corona y desempeña tu papel como un príncipe ejemplar en estas tierras extranjeras.

38 – UN LADRÓN QUE SUPO QUIÉN ERA JESÚS

> Jesucristo es la contraseña que desbloquea la puerta de la libertad y vida eterna bajo las alas del Padre.

Convertirse al Señor significa reconocer nuestra condición de pecadores, pero al mismo tiempo, afirmar que Jesucristo es nuestro Salvador. Esta transformación es la comprensión de su justicia y la aceptación de que necesitamos de Él para alcanzar la verdadera libertad.

El Evangelio de Lucas 23 narra el proceso de crucifixión de Jesús, en el cual podemos encontrar los pensamientos de los demás sobre el Maestro. Es decir, qué pensaban sobre Él y quién creían que era. Pilato, quien fue uno de los que interrogó a Jesús, percató que en Él no había culpa por la cual sea condenado, sabía que era inocente; no obstante, temió al pueblo, y siguió sus deseos antes de obedecer la razón y la lógica del corazón. Por lo tanto, lo condenó, injustamente, a muerte.

Por su parte, Herodes necesitaba ver algún milagro de Jesús para creer en su poder. Al no ser correspondido, lo despreció. En estos dos personajes mencionados: Pilato y Herodes, podemos encontrar a los que se niegan a seguir a Cristo para no tener el rechazo de los demás y aquellos que desprecian al Señor por no tener respuestas de Él, estos son los que desprecian su poder simplemente porque Dios no les dio lo que pidieron, reflejando, de tal manera, su capricho infantil y grosero.

Las personas que estaban presentes en aquel lugar infamaban al Señor, diciendo: «A otros salvó; sálvese a sí mismo, si este es el Cristo». Te pregunto: ¿Por aquellos que lo injuriaban, también daba su vida? En medio de una ola de sufrimientos, soportó las humillaciones, y al cielo, con misericordia, levantó su mirada y le dijo a Dios: «Padre, perdónalos, no saben lo que hacen».

Ahora bien, cuando Jesús fue crucificado, la Biblia menciona que dos ladrones sobrellevaron la misma condena por sus actos. El Evangelio de Lucas 23 manifiesta que uno de estos ladrones injurió a Jesús diciéndole: «Si tú eres el Cristo, sálvate a ti mismo y a nosotros».

El otro ladrón, una persona vil, supo quién era Jesús, y reconoció que el Maestro no debía estar ahí. Con seriedad amonestó al otro malhechor, diciéndole: «Nosotros merecemos estar aquí, pero este hombre ningún mal ha hecho para que esté en este lugar».

Quiero subrayar tres cosas: la primera, el ladrón <u>reconoció</u> que, por sus errores, él sí era merecedor de aquel castigo; en segundo lugar, aquel varón comprendió que <u>el Maestro no merecía estar ahí</u>, pues en Él no había reinado la protervidad, incluso hizo lo contrario: el bien a los demás; por último, el ladrón <u>supo quién era Jesús</u>. Aquel hombre era consciente de que solamente en Jesús podía hallar vida eterna, pues le dijo: «Acuérdate de mí cuando vengas en tu reino».

39 – «JESUCRISTO ME HIZO LIBRE»

> El día más feliz de mi vida fue cuando comprendí y acepté el sacrificio de Jesús para otorgarme la libertad.

Hoy en día tenemos el privilegio y la alegría de exclamar con gratitud: «Jesucristo me hizo libre». Hace dos mil años fuimos liberados de cadenas y condenas, ya que nuestro Señor cargó sobre sus preciosos hombros nuestras faltas y soportó el castigo, a pesar de ser perfecto y santo, todo en el nombre de la suprema obra de amor.

La Biblia denota que nadie era digno de liberar al hombre, mencionando que en el cielo no había nadie merecedor de acabar con el pecado; hasta que un Cordero en pie, decidió dar su vida. El Cordero inmolado, Jesucristo, aquel que es digno de recibir toda la gloria y la honra.

Jesucristo lanzó nuestras culpas a sus hombros, con el fin de que podamos ser libres de aquella carga pesada. Dio su vida por ti, por mí y por todos. Cuando converso con una persona, trato de recordarle que Jesucristo nos hizo libres. Esta libertad no solamente queda en su sacrificio, sino que, cada vez que caemos en el pecado, podemos acudir a Él para ser libres. Jesús no me impone seguirlo; lo que hago es un acto de profundo agradecimiento hacia Él, porque tomó sobre su vida las acciones que me habrían condenado. Jesucristo no era culpable de ningún delito; no había causado daño alguno. No obstante, optó por cargar con la culpabilidad ante los demás, todo con el propósito de asegurar nuestra liberación y acercarnos al Padre.

¡Claro que el Maestro sufrió! Pasó horas en la cruz, solamente imagínate el dolor que sintió. Pudo renunciar a todo, y salvarse, pero no fue egoísta. Muchos se preguntan por qué siendo Hijo de Dios sufrió tanto. Jesús vino en forma de hombre, no podía venir en forma de Dios, porque la carne tenía que ser crucificada. A eso hace alusión la escena de la crucifixión, ya que después de morir resucitó como Dios. Es por eso por lo que la muerte de Jesús en la cruz es el acto de liberación, lo que representa que ya no le pertenecemos a la carne, sino al Espíritu.

A Dios le dolió ver a su Hijo morir, pero por unas horas tuvo que demostrarle a la humanidad lo que ellos debían atravesar. Sin embargo, gracias al gran amor de su Hijo, quedamos libres de esa condena. Por nuestra culpa el Maestro fue humillado, por nuestra culpa fue rechazado y escupido. Ahora bien, ¿qué más quieres que haga Jesús para que te acerques a Él? Entregó todo y te ofreció su bendita Sangre para que puedas ser limpio. Gracias a ese gran gesto, hoy podemos estar tranquilos y decir con felicidad: «¡Mi Cristo me hizo libre!».

[Basado en 1 Pedro 2:24]

40 – DIOS TE CREÓ; ÉL TE CONOCE PERFECTAMENTE

Nada puede ocultarse a la mira omnisciente de Dios, quien conoce los secretos más recónditos de nuestro ser.

Dios es el creador del manual para que funciones correctamente en esta vida. El Señor es tu Creador, conoce hasta los pequeños fallos en ti, aquellos fallos que tu memoria ha borrado de tu historial. Jehová examina los pensamientos que te inquietan en el día y en la noche; conoce los lugares que visitas y de los que te alejas; las palabras que dices y las que callas. No puedes esconderte de Él ni huir de su presencia. Adán, cuando desobedeció, intentó esconderse de Dios, pero fue en vano, porque no lo consiguió.

El salmista David mencionó: «Aunque ande en valle de sombra y muerte, no temeré mal alguno, porque tú estás conmigo» (Salmo 23:4). Dios construyó el camino por donde debes caminar, te creó y escudriña lo más recóndito de ti.

Fuiste formado por un Dios vivo y escogido desde el vientre de tu madre. Aún no nacías, y Jehová ya tenía un propósito contigo. Creyó en ti, y por eso te asignó una misión única. Cada cristiano tiene una misión distinta a la de los demás, porque, aunque parezcan iguales, las aptitudes de cada seguidor de Cristo hacen que se vean diferentes. Esa aptitud te la dio el Señor. Cada mañana te extiende su mano y te invita a caminar con Él.

Si crees plenamente en el amor de Dios, serás guiado por su sabiduría en esta tierra, porque cada paso que des será consolidado por su verdad; por lo tanto, no resbalarás.

Dios conoce tus sollozos y risas; tu enojo, tus angustias y temores. Conoce cómo está tu corazón, cuánto lo amas y deseas serle fiel. Todo eso valora mucho el Señor. Jehová recuerda todos los sueños a los que renunciaste, y los transforma en nuevos propósitos divinos para tu vida. Conoce las oraciones que hacías de niño, las oraciones que hiciste en el pasado y las que harás en el futuro, porque Jehová conoce todas tus peticiones y todo lo que necesitas.

Dios conoce tu pasado, aunque no lo toma en cuenta, porque se enfoca en tu presente para perfeccionar tu futuro. Dios, como tu Creador, te formó a su imagen y semejanza, perdonó tus transgresiones y moldeó tu corazón de acuerdo con su propósito para ti.

La historia de David refleja la fiel compañía de Jehová con él. Aunque Saúl intentó en varias ocasiones perjudicar a David, nunca tuvo éxito, ya que David contaba con el respaldo del Señor de los ejércitos. Los ojos del Señor te vigilan, velan por tu descanso y orientan tu camino. Él te creó y conoce todas las características de tu ser.

[Basado en el Salmo 139]

41 – ¿CUÁL ES LA VERDADERA RELIGIÓN?

> Las doctrinas rígidas de algunas religiones se convierten en un laberinto que aleja al hombre de Dios en lugar de guiarlo hacia una comprensión más profunda y espiritual.

El tiempo pasa, y el hombre va diseñando una nueva religión día a día. No es algo nuevo que a cada instante se viralicen noticias de nuevas doctrinas o ideologías creadas por la débil comprensión del ser humano, incluso dentro de una misma religión se crean distintos modelos de enseñanza espiritual, cada uno predicando de acuerdo con su estilo.

Cada religión tiene sus creencias, costumbres y modelos, que es lo que las caracteriza. Existen diversas religiones, y entre tantas, nos surge la pregunta: ¿Cuál es la verdadera religión?

Más allá de una doctrina, creencia o forma de vestir, esta pregunta tiene una respuesta sencilla e inesperada para comprender la religión inexorable. Probablemente esperarás que te responda que la verdadera religión es la cristiana u otra, como religiones populares: judaísmo, hinduismo, budismo, etc. No obstante, lo verdaderamente cierto es que, según la carta de Santiago 1:27, estas religiones no son consideradas como una religión aprobada por Dios, pues en el cristianismo no todos están de corazón, al igual que en otras religiones. Siendo más explícito, «la religión pura», como la denomina Santiago, «… y sin errores delante de Dios», es aquella que se relaciona con Jesucristo; es decir, aquella que ejecuta los actos que el Maestro hizo.

Ahora bien, ¿qué hizo Jesús? El Señor amó a los demás, consolaba a las viudas en sus tribulaciones, daba de comer al hambriento (sobre todo, espiritualmente), reanimaba al afligido; pero, lo más importante, se guardó del mundo y no hubo mancha alguna en Él.

Esta es la religión que Dios aprueba, aquellos que aman al prójimo y animan al triste, diciéndole «Cristo te ama». Aquellos que le dan de comer al hambriento y le dan posada al pobre. Sobre todo, aquellos que, sin importar lo corrompido que esté el mundo, se guardan de hacer el mal y siempre buscan hacer el bien.

El que sigue la verdadera religión es aquel que aplaca su lengua. «Si alguno se cree religioso y no refrena su lengua, sino que engaña su corazón, su religión es vana» (Santiago 1:26).

Hay que dejar de escudarse en la arrogancia del corazón. Muchos predicadores se escudan en «por obras no se salva nadie». En efecto, no son las obras las que conducen al hombre a la salvación, sino la gracia. No obstante, el término «gracia» tiene mucho que ver con la misericordia hacia los demás. Aunque nuestros actos no nos acerquen a la salvación, sí acercan al hombre a Dios. Por eso te invito a seguir la religión que agrada a Dios, la cual es vivir de acuerdo con su corazón y dar buen testimonio a los demás.

«Tu testimonio es la manifestación más cercana a Dios y la Biblia que un incrédulo puede experimentar».

42 – HABITANDO EN UN MUNDO CIEGO Y TERCO

El hombre tiende a mostrar una conducta egoísta, sublevándose contra los mandatos divinos para ir detrás de sus deseos inicuos.

[Lee el Salmo 50]. El hombre se conforma con creer en Dios. Verdaderamente no cree en Él, pues irrespeta y desobedece su Palabra. Está bien publicar por redes sociales una imagen o video que bendigan el nombre del Señor, pero no son estos lugares en donde se bendice a Dios. A Jehová se lo bendice en el corazón; esto es atender y obedecer su llamado. Es bonito cargar a Jesucristo en una cadena o camiseta, pero Jesucristo debe estar en el corazón. Recordemos lo que dice Dios: «Este pueblo de labios me honra, pero su corazón está lejos de mí» (Isaías 29:13).

Al menos si por un instante decidieran prestar atención al mensaje de Dios, no obstante, lamentablemente, con asiduidad optan por evitarlo, pues siguen los caminos que conducen a la perdición, rechazando las sendas de bendición y victoria. Aunque mi audiencia sea reducida, ya sea de dos o tres personas las que me escuchen o lean mis escritos, seguiré proclamando el Evangelio, ya que mi objetivo no radica en un inmenso conjunto de oyentes o lectores, sino en guiar a aquellos dispuestos a seguir a Jesucristo de corazón. Mi deseo es demostrar a los jóvenes que existe una enorme diferencia entre la felicidad ocasional en las noches y la felicidad que perdura durante todo el día, aquella alegría que solamente la da Dios.

Yo quiero demostrarle el camino de salvación a mi terca y rebelde generación, porque el Dios de dioses ha sido claro: su gloria y poder resplandecen en nuestras vidas.

El hombre es terco, quiere salir del pecado, pero ni siquiera lo intenta. El hombre espera que en su vida haya un momento en donde se encuentre acorralado, para ahí buscar al Dios que tanto ha rechazado. El hombre le cierra las puertas de su corazón a quienes le llevan un mensaje de parte de Dios, pero verdaderamente a quien le están cerrando las puertas es a Cristo. No esperes que en tu vida ocurra un desastre para buscar a Dios.

Nuestra misión, como cristianos, no es popularizar nuestros nombres, sino sembrar la semilla de bendición en aquellos que se niegan a obedecer. Para ello, debemos predicar con nuestro ejemplo. Lastimosamente, es algo que nos cuesta, porque hay veces en las que no actuamos como verdaderos ministros del nuevo pacto. Por eso, hermanos, seamos fieles a Dios, porque su venida está cerca. Sembremos el amor entre nosotros, en el nombre de Jesús. ¡Amén!

43 – DIOS DE MI INFANCIA; DIOS DE MI JUVENTUD; DIOS DE MI VEJEZ

> A pesar de todas las vicisitudes de la humanidad, de los cambios y desafíos, Dios sigue siendo Dios, inmutable en su divinidad y amor eterno.

Desde mi infancia, encontré refugio en Dios. Aunque no podía verlo, me enseñaron que su existencia es real. No me forzaron a creer, sino que elegí profesar su nombre por mi propia cuenta; soy consciente de lo que hago. Todas las historias que escuchaba o leía acerca de los milagros de Jesús me condujeron hacia una fe eterna en Él.

En mi infancia, recuerdo que todas las noches, antes de dormir, levantaba una oración a Dios. Y sí, respondía al llamado de Jesús que decía: «Dejad que los niños vengan a mí». Por eso el Maestro nos exhorta a actuar como niños, conservando nuestra inocencia, sonriendo a pesar de las dificultades y acudiendo a Jesucristo el Buen Pastor. La presencia de Dios me ha acompañado desde mi niñez, jamás me desamparó y siempre me envolvió en su fiel y perpetuo amor. ¡Dios en mi infancia siempre fue un Dios bueno!

En mi adolescencia, inicié muchos proyectos en donde no incluía a Dios, lo dejaba fuera de la reunión donde mis pensamientos opinaban sobre una mejor vida. Dios en mi juventud, aquel que se sigue manifestando hasta hoy en mi vida, me ha enseñado a ser valiente y a levantarme después de cada tropiezo. Aunque mi actitud rebelde me alejaba cada vez más de Dios, sus cuerdas de amor me llevaron al redil del perdón.

Dios me abrazó en mi niñez, y hoy, en mi juventud, lo sigue haciendo con el mismo amor incondicional e inmerecido, y me dice: «Soy el mismo de ayer, el que te amaba y te amará por la eternidad». El Dios que ha formado mi juventud, el que me ha mostrado que no hay nada más hermoso que caminar con Él, me socorre cuando me encuentro en apuros. ¡Definitivamente, Dios en mi juventud es bueno!

Soy libre, soy un privilegiado, respaldado, fortalecido, perdonado y amado, todo gracias a la gracia de Dios. Por eso, hoy puedo exclamar con alegría: «¡MI DIOS ES BUENO!». El Señor es mi fuente de esperanza, y en su presencia camino con confianza. A pesar de los intentos del enemigo por sembrar espinas en mi sendero con el fin de apartarme de Dios, elijo caminar junto a Cristo hasta el final, sin importar las tribulaciones. Prefiero atravesar mil dificultades temporales a enfrentar la «Gran Tribulación».

«Amado Padre, anhelo que el Dios que fuiste en mi niñez y el Dios que estás siendo en mi juventud lo seas en mi vejez. No me deseches cuando mi boca ya no pueda hablar, cuando mis pies ya no puedan caminar o cuando mis manos ya no puedan levantarse. No me desprecies cuando mis torpes pies resbalen en el pecado por causa de mi débil corazón. Quizá mi cuerpo podrá desfallecer, mi espíritu se podrá cansar, pero mi corazón siempre será fortalecido en tu presencia y te exaltará en cada mala temporada. Jehová, quiero que seas el Dios de mi vejez. ¡Amén!».

[Basado en el Salmo 71]

44 – LA CLAVE PARA NO PERECER

El pecado actúa como una brújula desorientada que nos aleja del seno de Dios, extraviando nuestra vida de la verdad divina.

Tantas noticias desagradables que escuchamos a diario, y nuestros pensamientos se inquietan, incluso nos realizamos muchas preguntas ante las iniquidades que vemos o escuchamos en el día.

La rebeldía se ha apoderado de las acciones de los demás. El ser humano puede perecer si no hay un arrepentimiento genuino en él. La Palabra de Dios nos dice que el origen primordial de la maldad o de los hechos atroces en la humanidad fueron producto del pecado, pues gracias a él la muerte entró al mundo, alejando al hombre de la roca inamovible: Cristo.

Escuchar los hechos que suceden en el mundo, las personas que mueren, los accidentes y la injusticia me hacen recordar que sigo vivo gracias a Dios. Con esto el Señor me recuerda que su diestra me sostiene y que ningún dardo prosperará contra mi vida si la compañía celestial está conmigo. Soy consciente de que, en el plan del enemigo, podría haber sido una víctima para el sufrimiento en este día. Quizá hoy, en mi camino, pude haber tropezado; en las compañías que tuve, alguien pudo haberme herido; en mis viajes, accidentes pudieron haber ocurrido. No obstante, de la misma manera, vivo confiado al recordar que la decisión final está en manos de Dios, no en las del enemigo.

Jesús fue claro: «Si no os arrepentís, todos pereceréis igualmente». Esto no se trata de que el hombre no perecerá por el simple hecho de amar a Dios o creer en Él, y justificarse con eso; si no lo demuestra con sus acciones, son inútiles sus locuacidades, pues la justificación no la da el hombre, sino Jesús.

Hermano, Dios nos demanda que seamos juiciosos en nuestros actos, porque, como bien sabemos, tendremos que rendir cuentas ante Él.

Amar a Cristo es entender que Él nos amó primero (1 Juan 4:19) y aceptar que en su lugar debimos estar nosotros, pero, por amor, Él decidió librarnos de ese castigo. Lo más asombroso es que el incrédulo termina buscándolo, porque comprende que, por mucho que busque en el mundo, nadie puede llenar lo que solamente sacia Jesucristo. Dios quiere que nos arrepintamos para no perecer. *«Yo tengo un Héroe que por mí venció a la muerte».* ¿Te animas a seguir a Jesucristo?

45 – VOLVEREMOS CON ALEGRÍA

> El día en que Cristo vuelva será la mayor bendición para aquellos que caminaron conforme con su corazón, pero será el principio del dolor para aquellos que lo rechazaron.

[Lee el Salmo 126]. Somos un pueblo que mantiene viva su esperanza en Jesucristo y creemos plenamente que el tiempo de la siega se aproxima, sabiendo que en aquel día nos regocijaremos y cantaremos delante del Rey. Somos una iglesia que quiere alcanzar una meta sobrenatural y que sueña con estar junto a su Dios, gozándose en la tierra santa. Somos un pueblo que confía en las promesas de su Señor y que pronto Jehová hará justicia por él.

La Biblia nos muestra el Reino de Dios, mencionando que en aquel lugar no hay tristeza, dolor ni oscuridad; lugar en donde solamente habita la paz y la alegría de los remanentes.

«Entonces las naciones dirán: "Grandes cosas ha hecho Jehová sobre ellos"». Todos sabrán que Dios es real cuando lo vean arrebatando a su iglesia para que habite con Él. En este lugar no existe lamento, porque grandes cosas hace Jehová, en donde solamente podremos estar alegres. Este lugar está abierto para cualquier persona, pero el tiempo para ganar la residencia no es eterno. Josué mencionó: «Si mal les parece servir a Jehová, escojan, pues, a quién servir; pero mi casa y yo serviremos a Jehová» (Josué 24:15).

«Los que sembraron con lágrimas, con regocijo segarán» (Salmos 126:5). El tiempo de cosechar se acerca. Hemos sufrido el rechazo de los demás, sobre todo, porque rechazan el mensaje de Cristo; pero hemos sido pacientes en la promesa del Señor, y, aunque no ha sido fácil, este versículo nos recuerda que nuestra conquista es junto al Cordero, y lo haremos con gozo.

El versículo 6 del Salmo de base me hace regocijar en la presencia del Señor, ya que, como príncipes del Reino de Dios, llevamos una semilla santificada a los demás, pero nos entristecemos cuando el hombre no quiere escuchar a Jesucristo. No obstante, es hermosa la promesa que nos hace el Señor: «… volverán con regocijo».

El apóstol Pablo mencionó: «Para mí el vivir es Cristo, y el morir es ganancia» (Filipenses 1:21). Para aquellos que anduvieron de acuerdo con la voluntad de Dios, la muerte les será ganancia de una vida eterna. Ahora bien, aquellos que prodigaron su vida en los placeres efímeros e infructuosos del mundo, conocerán el verdadero poder de Dios.

Somos un pueblo que confía en su Rey, un pueblo que volverá con alegría a gozarse delante de su Dios, porque esta no es nuestra casa, nuestro verdadero hogar está en el cielo. ¿Lo crees?

46 – MÁS QUE UN LIBRO

La trascendencia de la Biblia se cimenta en su capacidad eterna para iluminar, inspirar y guiar a generaciones a través de los siglos.

La Palabra de Dios o «La Biblia», como popularmente se la conoce, es más que un simple texto. Su importancia radica en la jerarquía de palabras colmadas de autoridad y amor, un mensaje que permanece entre nosotros, pese a los años que transcurren.

La Santa Biblia no es un texto que está repleto de fábulas, sino de verdades. Las sensaciones al momento de abrir la Biblia son sobrenaturales, pues inmediatamente se empieza a sentir la presencia de Dios. Un libro que, a diferencia de los demás textos, nos comprende y nos hace sentir seguros. ¿Quieres hablar con Dios? Levántate, abre tu Biblia, lee y deja que Dios empiece a ministrar en tu vida.

Este «libro anticuado», como lo llaman algunos, narra la historia más hermosa que puedas escuchar, porque nos demuestra el significado del verdadero amor. Narra el trayecto de un hombre puro que pisó esta tierra, un hombre lleno de amor y verdad.

El cantante Harold Velázquez mencionó: «No se trata de una simple historia, se trata del Maestro y del Rey de gloria... se trata del Caballero que te dio la salvación». La Palabra de Dios nos corrige y discierne en nosotros, pudriendo el yugo de la esclavitud y trabajando en nuestros pensamientos. La Biblia reprende las intenciones de caer en el pecado, haciéndonos libres y fortaleciéndonos en la fe indestructible de Jesucristo.

La Biblia, más que un libro, es la construcción de una nueva vida; ya que la Palabra de Dios nos edifica y restaura. Es la vitamina que nuestro espíritu necesita para ser fortalecido, es la respuesta a las múltiples dudas que nos acongojan. No es un texto manipulable de acuerdo con nuestros deseos; no son pensamientos que se puedan tergiversar.

La Palabra de Dios nos consuela cuando las tormentas nos afligen, y nos restaura cuando el pecado nos abate. Es un texto gratis, lo puedes tener en tu celular o tableta. Te animo a leerla.

Es un libro único, no hay otro que sane, edifique o consuele como él. Es todo lo que el hombre necesita si quiere ser saciado y encontrar el verdadero amor.

La Palabra de Dios es una promesa que debe ser respetada, sobre todo, guardada de doctrinas carnales. La Biblia es la presencia de Dios ante nuestros ojos, nuestra compañía y fiel consejera. Es el libro que nos da la certeza de que un día estaremos con nuestro Dios. La Biblia, más que un libro, es el medio por donde Dios se comunica con sus hijos.

47 – DE VISITA EN ESTA TIERRA

Dios es el arquitecto divino que nos edifica hogares en el cielo, donde encontraremos descanso eterno y amor sin fin.

En el mundo hay dos tipos de personas: aquellos que no tienen un hogar definido y quienes tienen claro cuál es su verdadero hogar. Para ser más explícito, aquellos que no tienen un hogar definido no son quienes no tienen una casa o un lugar en donde vivir, sino que en sus ideas está crear un mejor mundo sin Dios; es decir, encontrar la felicidad, alegría y gozo lejos de Dios. Con su astucia intentan crear un hogar lleno de paz sin la necesidad de vivir con el Señor, perdiendo la identidad por ganar las posiciones que el mundo ofrece.

Mientras tanto, aquellos que tienen definido su hogar o saben a dónde verdaderamente pertenecen, son quienes conocen y creen en las promesas de Dios, mismas que están estipuladas en las Escrituras. Estos son quienes ganan su residencia en el Reino celestial. Por lo tanto, su verdadero hogar no es en esta tierra, sino junto a su Señor, por eso solamente están de visita en este lugar. En devocionales anteriores mencionaba que somos príncipes en tierras extranjeras, ya que este hogar, donde lógicamente para el hombre vivimos, es pasajero; pero el hogar en donde residiremos es eterno. ¡Qué hermoso será ese día, hermanos, en que volveremos con alegría a nuestro verdadero hogar! Pero, antes de ese ilustre y fastuoso acontecimiento, prorrumpamos el mensaje de la senda de victoria.

Ahora bien, básicamente, el hombre que no tiene definido su hogar es aquel que vaga por el mundo sin rumbo fijo, caminando en placeres efímeros, de proyectos en proyectos y de fracasos en fracasos, porque no permitió que Dios sea el centro de su vida.

El ser humano toma decisiones absurdas y diseña planes y teorías para vivir mejor sin Dios. ¿Qué sucede al final? Cuando concluye, se da cuenta de que no tiene identidad, confesando, de tal manera, que con Dios se vive mejor. Entonces, me pregunto: ¿para qué dilapidar tu vida en las costumbres del mundo, haciéndote daño, si al final te acercarás a Dios? Anticipa ese encuentro, porque el mañana se puede convertir en una pesadilla de la que querrás despertar.

Por otro lado, aquellos que han cimentado sus pensamientos en las promesas de Cristo, sobre todo, que han dejado que Dios sea el centro de sus vidas, tienen su hogar definido. Ellos saben que su hogar o su felicidad no están en esta tierra, sino junto a su Padre.

Estamos de visita en esta tierra, por eso anunciamos nuestra despedida, porque pronto nos vamos. Nos vamos para no volver, porque, cuando nuestra visita termine, nos dedicaremos por completo a nuestra residencia, que es con el Señor. Antes de que nos marchemos tenemos una misión, aunque el diablo quiere que nos callemos, seguiremos anunciando de Dios, para que los labios de los incrédulos confiesen que Jesucristo es el único Héroe perfecto.

Hermanos, de antemano preparemos nuestras aptitudes y, sobre todo, nuestro espíritu, porque el día de nuestro retorno hacia nuestro hogar perpetuo se acerca. No descuiden su salvación.

[Basado en Hebreos 13:12-16]

48 – ¡CRISTO NO ESTÁ MUERTO!

Cristo vive en la eternidad, su presencia se manifiesta en cada acto de amor y en la esperanza que jamás se desvanece.

[*Lee Isaías 53*]. Para el incrédulo, Jesús está muerto; para muchos, el sacrificio de amor de aquel «Cordero Inmolado», simplemente es una teoría. ¿Tan ingrato es el hombre para que niegue a quien verdaderamente lo amó?

Jesucristo nos dio la esperanza que necesitábamos, anunció lo hermoso que es su Reino y sobre Él se manifestó el brazo de Jehová: su poder, su rostro, su justicia, su misericordia y su amor hacia los demás.

Jesús nos enseñó a perdonar y a no guardar rencor. No nos obligó a seguirlo. Aún hay personas que dicen que Dios no es bueno como los cristianos lo predican, cuando el Maestro es el único que nos comprende, el único que nos levanta y nos abraza cuando estamos afligidos.

Existen personas incrédulas, incluso cristianos, que buscan los reconocimientos antes que la bendición de Dios. Hay cristianos que han disfrazado a Jesús según su conveniencia. El mensaje que transmiten no lo hacen para bendecir a Dios, ni a los demás, sino a sí mismos. El hombre piensa que Jesús fue derrotado, pero lo que el Maestro hizo fue llevarse nuestras culpas.

¿Quién es Jesús para el hombre? Cuando Jesús fue crucificado, quienes estaban ahí veían a un simple varón azotado y humillado, pero no veían al Cordero que estaba dando su vida por ellos. Se burlaron, lo despreciaron y, después de que el Maestro murió, no lo vieron capaz de resucitar, e inmediatamente lo dieron por muerto.

El hombre hace caso omiso al sacrificio de Jesús y no aprecia la sangre derramada. Solamente si supieran lo valiosa que es aquella sangre, la única que tiene poder de reconstruir lo que ha sido destruido y de limpiar lo que ha sido contaminado.

El hombre piensa que Jesús fue un personaje más, un varón que simplemente fue azotado y humillado. No obstante, más allá de eso, Jesús fue herido por nuestras rebeliones, lo hizo para que nazca la paz en nosotros. Por sus llagas fuimos sanos. Hay cristianos que han tomado como un juego el seguir a Cristo, se van y vuelven cuando quieren, desestimando lo que el Señor hizo por ellos.

En mi misión, he adoptado las palabras del profeta Isaías: «Por la rebelión de mi pueblo, mi Señor fue herido» (Isaías 53:8). Por la rebelión de mis jóvenes, mi Cristo fue maltratado. ¡Y no, Jesús no está muerto; Jesús no está derrotado! No solamente debemos narrar la historia del padecimiento de Jesús o su muerte, sino también su resurrección, porque en la muerte de Jesús está la muerte de nuestra carne, pero en su resurrección está el nacimiento de nuestro espíritu. Jamás debemos olvidar que ¡Cristo no está muerto!

49 – DIOS ES LUZ Y VIDA

> Dios es la lámpara que nunca se apaga, el fuego ardiente que nunca se disipa y el manantial de esperanza que nunca escasea.

Hemos recibido el mensaje más sagrado y puro que existe, y nos esforzamos diariamente por compartirlo con los demás. Lo que hemos aprendido, buscamos transmitirlo a quienes nos rodean, pues hemos comprendido que Dios es bueno, que Él nos ha perdonado y restaurado.

Desde que llegamos a los pies de Cristo, hemos escuchado un mensaje colmado de verdades, un mensaje que alumbra en la oscuridad. Es por ello por lo que el lema de mi aplicación «Aprendizaje bíblico» es «Un camino lleno de luz», porque el mensaje que predico a través de aquel medio, lo transmito de manera comprensiva de acuerdo con lo que cada persona atraviesa. Jamás olvido que, en medio de un cúmulo de tinieblas, el fulgor inextinguible y reconstructor de Cristo ilumina con amor nuestras vidas. Incluso en la condición más desastrosa, el amor de Dios nos sostiene y nos anima a seguir adelante. Aun atravesando un océano de perplejidades y fracasos, la gracia de Cristo nos restituye.

Ahora bien, Dios es luz, y las tinieblas no tienen autoridad sobre Él, por eso no podemos estar en luz mientras estemos en tinieblas; no podemos manchar el Evangelio por causa del pecado, debemos dejar que Dios nos purifique. Es paradójico que guiemos a un pueblo ciego a la luz de Cristo siendo nosotros ciegos.

Andemos en luz para que la sangre de Cristo nos limpie. Nadie es perfecto en esta vida, todos somos pecadores. La Biblia menciona que por causa del pecado todos quedamos destituidos de la gloria de Dios, es por eso por lo que solamente Dios puede perdonarnos y comprendernos cuando confesemos nuestros pecados delante de Él, siempre y cuando lo hagamos con transparencia.

Del Dios que hemos oído, anunciamos a los demás; porque hemos contemplado a Dios en nuestras vidas; Él se mueve en nosotros. Personalmente puedo tener el privilegio de decir que Dios es vida, porque he sido partícipe del nuevo nacimiento que Él me dio; es decir, soy más feliz con Cristo que lejos de Él. Testificamos de la nueva vida en Cristo, lo que ha pasado en nuestras vidas; eso anunciamos para que los demás conozcan a Jesús.

[Basado en 1 Juan 1]

50 – «ARREPENTÍOS, PORQUE EL REINO DE LOS CIELOS SE HA ACERCADO»

El desafío que enfrentan quienes aún no han abrazado la fe, e incluso algunos dentro de la iglesia, radica en la resistencia a asumir un compromiso pleno con Dios.

El arranque de evangelización de Juan el Bautista fue su popular frase: «Arrepentíos, porque el reino de los cielos se ha acercado». Digo «arranque», porque con esto Juan daba paso a Jesús para evangelizar.

Juan el Bautista no tuvo miedo de decirle al pueblo que procedan al arrepentimiento. Por eso, hermano, es importante que hagamos el glorioso llamado de arrepentimiento, debido a que conocemos que el reino de los cielos se acerca, y todos deben estar prevenidos ante ese gran escenario. Sin duda alguna, este mensaje de precaución se ha disuelto en medio de una iglesia que prioriza los temas teológicos antes que los temas proféticos.

Aunque el mundo tome de burla la frase «arrepiéntete, porque Cristo viene pronto», nosotros, como portavoces de este mensaje, debemos tomarlo y transmitirlo con seriedad, ya que es una alerta para todos.

El arrepentimiento es la confesión o el deshago espiritual, reconociendo que hemos obrado mal. Además, es un compromiso que hacemos para no volver a cometer la misma falta. No obstante, más allá de sentirnos mal por una obra errónea que hayamos cometido, el arrepentimiento es cambiar el pensamiento de pecar continuamente —mismo que viene por naturaleza—, para tener un cambio esencial en nuestras vidas. También, el arrepentimiento expresa el cambio de perspectiva ante diferentes circunstancias; es decir, dejar de hacer lo que nosotros queremos, para empezar a seguir los mandatos de Dios.

El llamado que hacemos los cristianos es al arrepentimiento veraz; es decir, empezar a ver nuestras vidas como Dios las observa, esto es dejarnos gobernar por Él. ¿Cuál es la excusa para no seguir a Cristo? Dejemos de seguir nuestra propia voluntad, y obedezcamos lo que el Señor quiere que seamos.

«Porque el reino de los cielos se ha acercado», dijo Juan el Bautista, dando una clara señal de la venida de Jesús al mundo, mismo que hizo el llamado de arrepentimiento para que nadie expire. En estos tiempos, hemos adoptado la frase «Arrepentíos, porque Cristo viene».

«Arrepentíos» es abandonar las tinieblas para empezar a seguir a Cristo, es separarnos del pecado para unirnos al lazo de misericordia de Dios. Arrepentirse es estar de acuerdo con la nueva vida que el Señor nos da, es reconocer que Jesucristo se entregó por limpiar nuestras rebeliones; es reconocer a Cristo como nuestro Salvador y nuestro fiel y eterno amor. El acto de vivir agradecidos con el Señor por su gran amor es acercarnos confiadamente ante su trono.

[Basado en Mateo 3:1-2]

51 – «TARDOS DE CORAZÓN PARA CREER»

Los ojos de la sociedad están enfocados en el diseño protervo e ineficaz de sus propios pensamientos, desorientando su fe de Dios.

Después de dos días de la muerte de Jesús, dos de sus apóstoles iban de camino a Emaús. En sus corazones abundaba la tristeza, pues su Maestro había muerto; no obstante, mientras comentaban lo que había sucedido, Jesucristo caminaba junto a ellos sin que lo pudieran reconocer. Aunque recordaban las palabras del Maestro cundo anunció su muerte y su resurrección al tercer día, dudaron en sus corazones, pues habían escuchado a las mujeres que dijeron que el Señor había resucitado, pero no creyeron, pues aún no se les había aparecido.

«¡Oh insensatos, y tardos de corazón para creer!». Muchas personas se encuentran en esta situación tardía de entendimiento, pues han visto las señales y han escuchado sobre la verdad asombrosa de Jesús; la Biblia lo respalda y los siervos del Señor anuncian el mensaje que Él estableció, pero en los corazones del hombre no hay un entendimiento claro. Es necesario que Jesús camine con el hombre, así como hizo con sus discípulos, para que sus ojos sean abiertos y su entendimiento sea fortalecido, así confesarían el poder de Dios y lograrían comprender mejor las Escrituras. Lastimosamente, el hombre no quiere que Jesucristo camine con él.

El verdadero conocimiento debe estar ligado con la fe, porque después no sirve para nada. Las promesas de la Biblia no se asocian con nuestra capacidad intelectual o con nuestra voluntad humana, sino con los decretos que Dios ha puesto en nuestros corazones, para que todo sea hecho con fe.

El incrédulo busca argumentos para creer; es decir, quiere entender por qué hay que adorar a Dios, para luego, de esa manera, profesar su existencia. Pierden su tiempo, porque Dios no trabaja así.

Jesús te dice que busques para que halles lo que tanto anhelas. Las preguntas realmente son: ¿Verdaderamente estás buscando? ¿Estás buscando en el lugar correcto? ¿Estás escuchando tu capricho o tu corazón? ¿Por qué ofender a alguien que para ti no es real? No le preguntes cosas a Dios, cuando tú no respondes a sus preguntas. ¡Bendiciones!

[Basado en Lucas 24]

52 – DIOS SIGUE SIENDO DIOS

Puedo partir en este instante, y el nombre de Dios continuará siendo exaltado; Él seguirá siendo Dios, aunque el mundo se vuelva ateo.

Desde antes de que el Señor creara el mar y el cielo, es Dios. Han surgido diversas generaciones, y Jehová sigue siendo Dios. Desde el inicio... es nuestro refugio, en donde podemos acercarnos confiadamente y no seremos rechazados.

Dios convierte al hombre de sus malos caminos, saciándolo con su misericordia de día y de noche. Miles de tropas se han levantado contra Dios, pero Jehová es eterno y ha sido vencedor en cada batalla.

La Biblia menciona que lo visible es transitorio, pero lo invisible es perpetuo; es decir, el hombre es pasajero, pero Dios es eterno. En la cultura judía suelen llamar a Dios como «Hashem» que es traducido como «El Eterno», quien fue, quien es y quien seguirá siendo por los siglos de los siglos.

La Biblia nos menciona que, para Dios, un día es como mil años. Debemos tener presente que el tiempo es fugaz, pasa rápido y por eso no debemos desperdiciarlo. Por ello, diariamente necesitamos pasar nuestro tiempo en comunión con Dios. «No es lo mismo estar solo, que estar a solas con Dios», mencionó un cantante. Tener un encuentro personal con Dios es un privilegio que la humanidad posee, una bendición que demuestra que, a pesar del cúmulo de faltas que podemos cometer diariamente, Dios presta atención a las súplicas de aquellos que exaltan su nombre.

Desde el principio Dios ha hecho que el hombre florezca y crezca en su Espíritu. Dios nos da las herramientas para salir del pecado, y depende de nosotros si las utilizamos o no.

Normalmente el hombre vive hasta los ochenta años, pocos son los que llegan a cien o más. Por eso el hombre es pasajero, pero Dios es eterno. Todos dependemos únicamente de Cristo para ser felices; es Él quien nos llena espiritualmente y nos hace vivir confiados ante las amenazas del enemigo.

«El cielo y la tierra pasarán, pero su palabra no pasará». Pronto todo llegará a su fin y partiremos al gozo perpetuo con Cristo. La abundante misericordia de Dios nos llena, por eso vivimos en deleite y alegría, ya que Cristo nos ha purificado con su preciosa Sangre y nos sostiene, y sabemos que pronto vendrá por nosotros.

No importa cuántos científicos se levanten para negar los prodigios de Jesucristo, al final, el hombre es efímero; él morirá y sus teorías palidecerán en comparación con la trascendencia de Dios. No importa cuántas adversidades se presenten, Dios seguirá siendo Dios.

[Basado en el Salmo 90]

53 – DIOS PROTEGE A SU PUEBLO

Aunque mi espíritu naufrague en el océano de angustias y dolores, Jehová sostendrá mi mano y no me dejará morir.

Soy de los que no se dejan amedrentar por los acontecimientos del mundo. Cuando escucho hablar de posibles eventos desafiantes que se avecinan, no me perturbo ni me inquieto, ya que vivo con una confianza inquebrantable en Dios.

El Salmo 125 nos brinda la sabiduría de que aquellos que confían plenamente en Dios se asemejarán al monte de Sion: inquebrantables ante cualquier adversidad.

¿Debería inquietarme por lo que opinen los seres humanos o las predicciones científicas? De ninguna manera, ya que, aunque puedan hacer sus pronósticos, es Dios quien ostenta la última palabra. El hombre inconverso se asombra de los acontecimientos que se escuchan en las noticias. Si tan solo leyeran la Biblia comprendieran que estos eventos son necesarios para preparar el camino del advenimiento de Jesucristo.

No hay motivos por los cuales me preocupe. «Si Dios está conmigo, ¿quién contra mí?», dice Romanos 8:31. Dios nos protege cuando el enemigo nos quiere atacar. Vivimos confiados bajo las alas de un Dios poderoso, y es con su Santo Espíritu que nos defendemos. Como dice Zacarías 4:6 – «no es con espada, ni con ejército, sino con su Espíritu». Esa es una dicha que tenemos, saber que Dios es nuestro respaldo, que acudimos a Él cuando no podemos más; saber que, aunque vengan tormentas, somos protegidos por el Creador de este mundo.

Con Jesús hemos aprendido a no preocuparnos por lo venidero, sino por mantener una relación estable con el Señor. Si algo malo viene, oremos, pero nunca descuidemos nuestra comunión con Dios.

Las noticias escandalizan a la humanidad rebelde, pero a nosotros, quienes confiamos plenamente en Cristo, no nos sorprende nada, pues Dios ha manifestado en su Palabra todo lo que tiene que suceder antes de su venida, y todo se está cumpliendo exactamente como el Maestro lo expresó. Es curioso cómo las teorías y predicciones científicas, sin querer, le dan la razón a la Biblia.

Hermanos, hay quienes dudan de la venida de Cristo, y esto es normal, pues la maldad se ha multiplicado en este mundo, haciendo que el amor de muchos perezca. Sin embargo, vivamos confiados en las promesas de nuestro Dios, no desmayemos ni nos preocupemos por lo que diga el hombre. Mantengámonos en constante oración, sin afanarnos por nada, sabiendo que Dios protege a su pueblo.

54 – AÚN HAY ESPERANZA

¿Necesitas una prueba de la nueva oportunidad que Dios te brinda? Solo párate frente al espejo y observa a la persona que refleja. Esa misma persona podría haber estado en un cementerio, pero hoy la tienes frente a ti.

En los postreros días, dice la Biblia, las personas tendrán revelaciones. Sentimos que el tiempo del advenimiento se acerca, porque Dios no puede tolerar más el pecado de su pueblo. No se trata de venir a Cristo por temor o por ser sabios, sino como agradecimiento de que Él nos amó primero.

Cuando los cristianos nos dedicamos a proclamar la venida de Cristo, lo hacemos por amor hacia los demás, con la preocupación de que no se pierdan. Nuestro propósito es advertir sobre las inevitables consecuencias de sus acciones, aunque son ellos quienes al final toman sus decisiones.

Jehová te expresa: «No me olvidaré jamás de todas tus obras». La tierra ha sido cubierta de la maldad del hombre. La diversión de los rebeldes acabará, dice la Biblia, mencionando que sus fiestas serán cambiadas a llantos y lamentos. Esa es la diferencia entre la alegría del incrédulo con el regocijo del remanente: el hombre necesita de un ambiente satisfactorio con líquidos en entorpecen su entendimiento para complacer a su carne, mientras que el cristiano solamente necesita al Espíritu Santo para gozarse.

Hermano, aún hay esperanza, dice la Biblia. Amós 8:11 expresa que en estos tiempos el Señor enviará hambre a la tierra, pero no hambre de alimento, sino de su Palabra. Esto es algo que vemos día a día cuando escuchamos que nuevas personas reciben a Cristo en sus corazones.

Me alegra saber que hay personas que saben que sin Jesús sus vidas están incompletas, por eso buscan al Señor para ser saciados. Eso es lo que expresa el versículo antes mencionado, que las personas tendrán la necesidad de ser llenados del Espíritu Santo. De la misma manera, me regocijo cuando un joven se me acerca para pedirme que le hable sobre la Biblia. Valoro que aún queden personas con una fe vivificada.

Una cosa de favor te pido, y es que no busques la Palabra de Dios cuando ya sea tarde, porque dice la Biblia que no la encontrarás, pues el tiempo se habría acabado. Por eso te proporciono este adecuado mensaje, para recordarte que aún tienes tiempo para buscar a Dios.

Acercarte a Él y deja todas tus cargas sobre sus pies. No pierdas el control, escucha a todos los misioneros y evangelistas que se acercan a ti para hablarte sobre el Evangelio. No le cierres la puerta de tu corazón a Cristo, y Él no te cerrará las puertas de su Reino. Aún tienes vida, aún tienes tiempo. Hoy tienes la oportunidad de escuchar lo que otros no escucharon. ¡Aprovéchala!

[Basado en Amós 8]

55 – SITUACIONES CONTROLADAS POR DIOS

Aunque el plan de Dios no sea visible, es efectivo. Abandonemos el afán de comprender lo que Él quiere hacer en nuestras vidas y enfoquemos nuestra mirada en obedecerlo.

Onésimo, un esclavo fugitivo de Filemón, mientras huía conoció a Pablo. El apóstol le habló de Jesucristo, y Onésimo se convirtió al cristianismo.

Pablo, mientras se encontraba en prisión en Roma, envió hacia Filemón a Onésimo, pidiéndole que le llevara una carta a su amo en donde lo invitaba a recibir nuevamente a su esclavo con generosidad.

Pablo mencionó: «Quizá para esto se apartó de ti por algún tiempo...», debido a que gracias a que el esclavo se alejó de su amo, pudo conocer el Evangelio de Cristo, y convertirse.

Hay hechos que, quizá, evidentemente los comprendemos, pero nuestro intelecto humano no sabe discernirlos. Es decir, debemos ser sensatos en nuestras afirmaciones y estudiar detenidamente la situación que estamos atravesando gracias a Dios, teniendo en cuenta que de aquello tendremos un propósito, como lo tuvo Onésimo por escapar de su amo. Dios controla todas las situaciones, pero su voluntad no siempre está vinculada con nuestros deseos.

Oremos para vislumbrar correctamente lo que Dios quiere decirnos a través de una situación o palabras con las que se refiere a nosotros mediante un discurso o lectura bíblica. No juzguemos, principalmente cuando se trata de una persona que estimamos. Confiemos en nosotros mismos, sobre todo, en el amor de Dios.

Desde mi experiencia personal, he sentido que cada situación vivida me ha ayudado a ser una mejor persona. Me he fortalecido en Dios, sabiendo que lo que vivo hoy es gracias a lo que viví ayer, debido a que Dios puso en mi camino una situación dura para poder sobrellevar las situaciones que vendrán en el futuro.

Por eso, no critiquemos cuando una persona atraviesa un mal momento, porque Dios está diseñando a una nueva criatura, así como lo hizo con Onésimo. El encuentro con Dios siempre es oportuno, llega en el momento donde más lo necesitamos.

Hermanos, oremos por aquellos que están cerca de tomar la mejor decisión de sus vidas: recibir a Cristo en sus corazones.

«De manera que cada uno de nosotros dará a Dios cuenta de sí mismo. Así que, ya no nos juzguemos más los unos a los otros, sino más bien decidid no poner tropiezo u ocasión de caer al hermano» (Romanos 14:12-13).

[Basado en Filemón 1 y en Romanos 8:28]

56 – ¿QUÉ DAÑO TE HA HECHO DIOS?

La pregunta que persiste es: ¿Qué más puede hacer Jesucristo para que el hombre reconozca su inmenso amor, si ya lo entregó todo en la cruz?

Dios te cuestiona con aseveraciones expresivas: «¿En qué te he herido para que me desprecies? ¿Qué esperas de mí para entregarte a mis brazos y experimentar mi amor?». Indiscutiblemente, no somos dignos del amor que Dios nos brinda; su bondad hacia nosotros es inquebrantable, aun cuando reiteradamente le fallamos.

Marcos Vidal, cantante español-alemán, compuso una canción que expresa: «¿Dime qué más puede hacer Jesús para ganar tu amor, confianza y fe? ¿Acaso tiene que morir otra vez por tu maldad?». Esta exhortación alude al hombre rebelde e inconverso que rechaza infatigablemente el sacrificio amoroso de Jesús en la cruz.

Eventualmente nos alejamos de Dios debido a nuestros pensamientos. ¿Con qué cara nos podemos presentar delante de su trono cuando fallamos? El Señor no ha hecho ningún perjuicio en nuestras vidas, somos nosotros los que le pagamos mal y herimos su perfecto y dulce corazón.

Hay cristianos que se han alejado de Dios y han decido vivir sin Él, seriamente Dios les pregunta: «¿Acaso no te hice feliz?». Jehová es bueno y demanda muchas cosas de nosotros, como buen Padre. Miqueas expresó que el Señor solamente nos pide que seamos justos en nuestras acciones y expresemos nuestro amor en las obras que hagamos; además de la genuinidad de nuestras obras y el perdón anteponiéndose al rencor.

En su inmensa misericordia, Dios no ha lidiado con nosotros según nuestros actos merecerían. Ha demostrado una fidelidad y comprensión excepcionales, levantándonos y moldeándonos asiduamente. Por lo tanto, nos ordena a actuar en armonía con su divina y extraordinaria voluntad, comprometiéndonos a transitar por el sendero de la justicia y la verdad. Debemos ser rectos en nuestras relaciones con los demás, y, ante todo, permitir que el amor humedezca cada aspecto de nuestras vidas.

Amemos la misericordia y compartámosla con los demás, así como Dios ha puesto su misericordia en nosotros. De la misma manera, humillémonos delante de la presencia del Espíritu, pidiendo renovación día a día para ser libres.

Hermanos, Dios no nos ha hecho ningún daño, ¿por qué alejarnos de Él? El hombre se deja manejar por sus deseos, los cuales lo alejan del propósito natural que Dios preparó para él; por eso debemos mantenernos firmes en su Palabra, siendo fieles hasta el final, como Él lo ha sido con nosotros.

[Basado en Miqueas 6]

57 – TODO TIENE SU TIEMPO

Aunque a veces no entendamos los designios divinos, confiamos en que siempre nos conducen a un propósito superior.

Hemos asimilado la lección de no preocuparnos en exceso por el futuro, ni por nuestras posesiones, ni siquiera por la propia existencia, sino más bien a proteger nuestro preciado tesoro celestial. Lo que Dios anhela para nuestro camino se cumplirá de manera eficaz, no necesariamente de acuerdo con nuestros deseos, sino en el tiempo designado por los planes perfectos de Dios.

Jehová conoce nuestro futuro, sabe lo que pasará mañana en nuestras vidas, es el dueño de la muerte y solamente Él decide cuándo será nuestra partida de este fugaz mundo. Hay dudas que quizá nos surjan en las noches, preguntas que nos inquietan: ¿Qué pasará mañana? ¿Seguiré vivo? ¿Me irá bien? ¿Cumpliré mis sueños? A esto Dios responde: «No te afanes por el mañana. Todo tiene su tiempo» (Mateo 6:34).

Habrá tiempo para curar las heridas y edificar una nueva vida; todo eso Dios hará en el momento indicado. Quizá no comprendamos lo que el Señor está haciendo, pero debemos estar seguros de que está obrando en nosotros y pincelando con su amor una senda de victoria en nuestras vidas. Es hermoso bosquejar nuestros propios planes, pero es magnífico obedecer los propósitos infalibles del Padre.

En la vida hay momentos tristes y alegres; nuestras emociones dependen únicamente de Dios. No me afano si nadie me escucha o si mi talento no ha sido conocido por los demás, llegará la hora en la que el Señor me llevará a hablar de su Evangelio a muchas personas. Hermano, llegará tu momento, no te afanes.

Llegará el tiempo de paz para tu vida. Si hoy existen tribulaciones, confía en Dios, porque Él traerá la calma que necesitas. Haz las cosas con paciencia, sabiendo que de esa manera se concretarán mejor. En el tiempo de la creación, Dios hizo maravillas, se tomó su tiempo, y todo le salió perfecto. No te apresures ni busques reconocimientos propios, tu misión debe ser que el nombre de Jesús suene por todos los lugares. Con calma, porque el Señor no se olvida de sus siervos, por eso Él necesita guerreros que tengan el valor de anunciar sobre Cristo sin temor.

Nada supera la dicha que hallamos al regocijarnos en Dios y al practicar el bien. No existe mayor honor que ser cristianos, conscientes de que en Cristo superamos cualquier obstáculo. Dios quiere que todos escuchen sus palabras, que todos atiendan al llamado que nos hace día a día. Todo tiene su tiempo, confía y no dejes que la depresión o las críticas te frenen; Dios quiere restaurar tu corazón.

Lo que viene de Dios no es efímero, por eso te pregunto: ¿Prefieres algo que lo tendrás pronto, pero no te durará toda la vida; o esperar el tiempo de Dios y sus promesas eternas? El tiempo del hombre es pasajero, el de Dios es perpetuo, por eso espera el tiempo del Señor.

«He entendido que todo lo que Dios hace será perpetuo; sobre aquello no se añadirá, ni de ello se disminuirá; y lo hace Dios, para que delante de él teman los hombres» (Eclesiastés 3:14).

[Basado en Eclesiastés 3]

58 – JESUCRISTO, EL ÚNICO SALVADOR

Jesucristo es el único mediador que, con su perdón y amor, corta la línea divisora entre Dios y el hombre.

Dios nos muestra a Jesús, desde el principio, como Héroe y Salvador, esto debido al pecado del hombre. Por eso Jehová anunció que nacería un Libertador, misma promesa que se fue afirmando en las profecías de sus siervos.

La Biblia menciona que el Mesías nacería para acabar el reinado de la serpiente, hollándole la cabeza. En el Antiguo Testamento se mencionó muchas veces a Jesucristo, sin estar en la tierra, pues Jesús existe desde el principio. La Biblia denota que Jesús es la luz que iluminó a este mundo. Por eso los profetas se encargaron de anunciar la venida del Salvador hecho carne.

David, aunque no lo hizo directamente, mencionó a Jesús en algunos de sus Salmos, refiriéndose a Él como: Piedra angular, Señor —en el Salmo 110:1—, incluso, en algunas ocasiones, como la puerta de salida. Si leemos detenidamente los libros de profecías, todos mencionan al Hijo de Dios. Especialmente, es nombrado bajo la misión de un libertador.

El Nuevo Testamento arranca por los cuatro Evangelios, mismos que narran la historia de Jesús: sus hechos, sacrificio y amor. En estos cuatro libros, Jesús aparece como el Hijo de Dios hecho carne, quien vino a esta tierra a liberar a los oprimidos y dar sanidad a los enfermos, así como citó en la Sinagoga la profecía de Isaías 61:1.

Jesucristo es el Mesías, aquel varón que fue conducido hasta la cruz, donde aceptó morir para redimirnos de toda culpa. Fue obediente, ya que cumplió la misión que el Padre le había encargado, sin poner pretexto alguno. Su lengua jamás profirió blasfemias contra su Padre.

Jesucristo resucitó, liberándonos de la muerte, por lo cual hoy vivimos agradecidos con Él. Después de acabar la misión asignada, volvió a su trono, ya no como hombre, sino como Rey. Se sentó a la diestra del Padre, satisfecho de habernos liberado. Desde su trono de justicia nos protege, nos sana y nos hace libres; nos anima, nos aconseja para tomar buenas decisiones y nos defiende del acusador, demostrándonos que su amor no tiene fin y sobrepasa las trincheras de la protervidad.

No obstante, hay un punto crucial que no debemos pasar por alto: Jesucristo tiene un evento pendiente de suma importancia, ya que hizo la solemne promesa en Juan 14:3 de que regresaría por su iglesia.

Hermano, recuerda que Jesucristo es la única senda hacia la salvación. Ningún ser humano, hombre o mujer, puede acercarte al Padre, y ninguna criatura terrenal puede interceder por ti ante el Justo Juez. Únicamente Jesucristo te otorga la verdadera libertad.

«Y en ningún otro hay salvación; porque no hay otro nombre bajo el cielo, dado a los hombres, en que podamos ser salvos» (Hechos 4:12).

59 – PRESÉNTALE EL EVANGELIO AL INCRÉDULO

> La semilla dará buenos frutos solamente si el sembrador la cuida con constancia y atención.

Camino junto a Cristo desde los quince años, y ha sido la experiencia más hermosa que he tenido. A pesar de ello, durante este tiempo, me he enfrentado a desafíos para ser un mensajero del Evangelio en medio de una humanidad obstinada y corrompida.

Comprendo que sea difícil ser escuchado por los demás, pues afronto diariamente el desafío de evangelizar a personas necias y dúctiles. La mayor parte de mis días paso en compañía de jóvenes, y mi deseo más profundo es poder ser un guía y ser escuchado. Hay dos motivos por los que, quizá, un creyente se abstiene a hablar del Señor: primero, porque no encuentra el espacio para hacerlo; segundo, por vergüenza o temor de ser burlado. Personalmente, hablar de Dios es encontrar el momento preciso para dejar su nombre en lo alto.

Ahora bien, siempre debemos estar preparados para defender nuestra creencia; es decir, en cada lugar que estemos debemos cargar con nosotros la semilla de bendición, la cual es el mensaje que Dios quiere darle al hombre. El respeto es una llave para abrir la predisposición de los demás, para poder ser escuchados. Lo he sostenido firmemente: si me acerco a alguien con la intención de juzgarlo, no podré cosechar ningún fruto. Por lo tanto, me caracterizo por ser una persona cortés. Respeto la opinión y creencia de los demás, pues no puedo obligar a nadie a creer en lo que yo creo. Sin embargo, mi deber no es convencer a la humanidad, sino mostrarles el Evangelio y que ellos decidan tomarlo.

Todo lo que realizo: escritura de devocionales, de enseñanzas y palabras de fe; colocar un versículo diario en mi aplicación bíblica, evangelizar a través de imágenes, libros o cualquier contenido que establezco, lo hago con una sola misión: presentarle a Jesús al incrédulo.

No encontraré descanso hasta haber cumplido mi propósito en esta tierra. Por lo tanto, continuaré laborando día a día. En primer lugar, en mi crecimiento como cristiano, buscando que el amor de Cristo se refleje plenamente en mi corazón. En segundo lugar, me esforzaré asiduamente por llevar el mensaje edificante del Evangelio a los demás, con la esperanza de que el incrédulo encuentre un camino mejor y abandone sus malas acciones. «Hasta que el nombre de Jesucristo suene por todas partes, lo voy a seguir intentando».

Hermano, aprovecha cualquier comentario que te permita compartir el Evangelio de Cristo a los demás. Recuerda que Dios no es una simple teoría, sino un Ser Supremo y Santo. La mejor forma de presentar a Cristo delante de los demás, es con nuestro ejemplo, para que ellos vean que nuestro Dios cambia vidas. Por eso, hermanos, actuemos bien día a día, siendo portavoces del Evangelio. No descansemos hasta que el incrédulo confiese que Dios es real. Será difícil, pero recuerda que Dios está contigo.

[Basado en Marcos 16:15]

60 – ¿ESTÁS HACIENDO LAS COSAS BIEN?

Caballero, si te encuentras atrapado en un ciclo continuo de fracasos, te invito a reflexionar sobre tus acciones. Es posible que ellas estén obstaculizando tu progreso.

El creyente de hoy en día se afana por lo material, pero no por su vida. Es decir, cuida todo aquello que puede ser palpable, se preocupa por vestir prendas de valor elevado, incrementar sus ganancias financieras o popularizarse en el entorno que lo rodea. Sin embargo, más allá de cualquier bien material se encuentra el tesoro celestial, mismo que fue una dádiva de Jesucristo para nosotros. La redención que el Señor nos ofreció vale más que cualquier prenda o moneda.

Dios pide a los cristianos que lo cuestionan que mediten sobre sus acciones, pues predican y ofrecen la semilla de bendición a muchas personas —algo que diariamente debemos ejercer—, no obstante, su siega es escaza, pues lo que hacen, lo hacen por méritos propios y no para agradar a Dios. De la misma manera, escuchan el Evangelio, pero después de cualquier sermón sus espíritus aún siguen debilitados. No entregan a Jehová sus corazones, sino sus propias imágenes imperfectas. Hay creyentes que cuestionan a Dios, pidiéndole respuestas sobre cuándo llegará el tiempo de bendición. Jehová les pregunta: «¿Están haciendo las cosas bien para que les lleguen las bendiciones?».

En un momento de mi vida, cometí el error de cuestionar a Dios, y su respuesta resonó claramente: «Me cuestionas con frecuencia, pero te pregunto, ¿estás llevando a cabo tus acciones de la manera correcta, como afirmas? Puede ser que exista algún obstáculo en tu camino hacia tus metas. Te invito a reflexionar sobre tus acciones». Cada vez que me enfrento a desafíos en mi vida, me planteo si estoy siguiendo el camino correcto para merecer la guía y ayuda divina de Dios.

Hermanos, reflexionemos sobre nuestras acciones y pensamientos antes de cuestionar a Dios. En primer lugar, esforcémonos en responder a las interrogantes que Él nos hace. Incluso después de responder, no debemos desafiar las decisiones de Dios. Debemos honrar al Señor con respeto y amor, como buenos hijos. Por lo tanto, si aún no has alcanzado lo que anhelas, pregúntate: «¿Estoy actuando correctamente?». Si consideras que tus acciones son justas, entonces espera el tiempo de Dios; de otra manera, vive de acuerdo con su voluntad y sujétate en sus estatutos.

[Basado en Hageo 1]

61 – «A PESAR DE TODO, HOY NO FUE UN MAL DÍA»

A pesar de las tormentas que puedan nublar nuestros días, el amor de Dios es el refugio que nos brinda seguridad y fortaleza en medio de la adversidad.

Hoy no empecé mi día de la mejor manera. Desde el inicio sentí que fracasaba en todo lo que hacía o trataba de hacer. Salí de mi casa con la actitud positiva, no obstante, llevaba en mis pensamientos pesos que me afligían.

Ayer me entregué por completo y estoy seguro de que mi esfuerzo fue recompensado. No me concentro en la cantidad de palabras que pronuncio o los textos que escribo; en su lugar, me enfoco en la calidad y la credibilidad de mis discursos. Aunque ayer di lo mejor de mí, hoy me enfrenté a nuevas barreras que tenía que superar.

Antes de pararme en un escenario y tomar la palabra en público, me libero de temores y vergüenzas, confiando en que puedo desempeñarme bien si Dios está a mi lado. La alegría que experimenté al superar las preocupaciones iniciales se vio amortiguada en algún momento del día, cuando me desanimé por completo, pensando que el esfuerzo invertido el día anterior no había valido la pena, al menos eso creía en ese momento.

Durante horas me debatí en el desánimo y me resultaba difícil concentrarme en mis tareas. Sin embargo, a pesar de esa falta de concentración, el día concluyó de manera positiva, recibiendo felicitaciones por mi sabiduría —la cual la poseo gracias a la ayuda de Dios—, incluso aliviándome de algunas cargas.

En un momento preciso, sentí que Dios me decía: «¿Lo ves? A pesar de todo, hoy no fue un mal día, porque tus días nunca serán "malos", si yo voy contigo». Luego de esas palabras, comprendí que no deben existir motivos para desanimarme si conmigo camina Dios. Sé que mi esfuerzo vale la pena, ya que, <u>aunque no siempre consigo lo que quiero, consigo más de lo que merezco.</u>

Hermano, no dejes que las situaciones difíciles te abrumen, ten presente que Dios posee el control de todas ellas. Aunque los días se tornen difíciles, nunca olvides que mientras camines con Dios, ningún día será malo. ¿Acaso no has sobrevivido gracias a Él? ¿No te ha librado de accidentes y peligros? Da gloria a Dios tanto cuando todo va bien como cuando enfrentas dificultades. Tranquilo, Dios tiene bajo control tu situación, porque, pese a todo, hoy no fue un mal día.

62 – NUNCA TE OLVIDES DE QUIÉN ERES

> Comprendo dos cosas que son indudables: Soy hijo de Dios; el amor de Cristo jamás terminará.

Nuestro desafío como cristianos se basa en que con frecuencia perdemos de vista el propósito que nos ha traído a este mundo. Con frecuencia dejamos pasar demasiado tiempo sin dedicarlo a compartir el amor de Cristo con quienes nos rodean. Nos distraemos con otras preocupaciones, aislando la misión de Dios a un segundo plano.

Nunca debes olvidarte de tu identidad, siempre recuerda lo que eres, lo que está bien y lo que decepciona a Dios. Personalmente, el enemigo ha usado todos los recursos para apartarme del Señor, no obstante, ha fracasado en su misión; pues la misión que Cristo nos entregó es mayor a cualquier objetivo o plan de una persona que intenta persuadir al remanente.

Donde sea que vayas, nunca te olvides de quién eres. Si alguien te incita a caer en el pecado, recuerda quién es tu Padre. Para muchos cristianos, negarse a la petición de una persona que intenta alejarlos de Dios se convierte en una situación difícil o penosa. Sin embargo, para otros, en los cuales me incluyo, es un privilegio decir «NO» a las provocaciones de los demás, desafíos que pretenden arrancarnos de los brazos de Jehová y separarnos del amor que verdaderamente vale la pena.

No titubeo en absoluto cuando alguien me invita a pecar. Mi respuesta es un «NO» concluyente, una postura imperturbable que no admite negociación. Recordemos, queridos hermanos, en cada conversación, palabra y acción, quiénes somos y a quién servimos.

Aprovechemos cada día para hablar de Dios y no dejemos transcurrir el tiempo en vano, porque sabemos que pronto se acabará. Nunca te olvides de que le sirves a Cristo; de igual manera, que nadie intente alejarte de Dios. Recuerda que eres una nueva criatura, por lo tanto, le perteneces a Cristo. ¡Nunca te olvides de quién eres!

Son muchas las veces en las que se me acercan con la intención de hacerme caer en el pecado, pero tengo un Dios que me sostiene y me da valor para negarme a todas las peticiones. También quiero agradecer a aquellos que saben quién soy, y, por lo tanto, me respetan, absteniéndose a invitarme a lugares en donde, evidentemente, no debo estar. Seguiré orando por ustedes, porque los aprecio, para que algún día también puedan aceptar el compromiso que yo recibí.

[Basado en 1 Timoteo 4]

63 – ¡EL GOZO INCOMPARABLE DE SER CRISTIANOS!

La alegría que poseo no proviene del mundo, por lo tanto, el mundo no tiene el poder de quitármela.

El Evangelio de Lucas nos narra que el Maestro envió a sus discípulos a anunciar las Buenas Nuevas como una misión. Cuando regresaron, se encontraban alegres. Este gozo era producto de los resultados que obtuvieron en la misión asignada por el Señor.

Ahora bien, Jesús les habló sobre un gozo más importante: saber que sus nombres estaban escritos en el cielo y que tenían el privilegio de ser seguidores del Hijo de Dios. ¡Por supuesto que seguir a Cristo es una felicidad incomparable! Saber que en su nombre somos salvos y tenemos la salvación perpetua es un regocijo inefable.

Lo que Jesucristo nos quiere decir es que no nos alegremos por cosas pasajeras o que nuestro gozo no solamente debe estar enfocado en milagros o señales. En lugar de enfocarnos únicamente en circunstancias temporales, debemos regocijarnos en el hecho de que estamos siguiendo a Dios. Nuestra alegría no se origina ni depende de las situaciones que atravesamos, sino que su génesis se basa en la hermosa obra que Jesús realizó por nosotros: la salvación. Como lo expresó el Salmista en el Salmo 51:12, anhelamos que Dios restaure el gozo de su salvación en nosotros y que la nobleza nos sostenga.

Nuestra fuente de gozo habita exclusivamente en Dios, ya que nuestra alegría de ser cristianos o seguidores de Cristo se basa en el conocimiento de que el Señor entregó su vida por nosotros. En gratitud, ofrecemos nuestro corazón a Él.

Personalmente, me siento feliz de seguir a Cristo, pues sé que no hay mejor camino que Jesús (Juan 14:6). Si tuviera que tomar la decisión entre elegir nuevamente entre el mundo y Cristo, no dudaría en quedarme con mi Señor. Sé que no pertenezco a este mundo, y llegará el día en que deba partir, ya que mi verdadero hogar no se encuentra aquí. Mi destino es partir, no quedarme.

En estos últimos días, Dios me ha dejado claro que soy feliz en Cristo y que mi felicidad nadie me la podrá quitar. Tengo muchos motivos para gozarme y ninguna razón que me desanime, y mientras esté en esta tierra, seguiré cumpliendo mi misión. Tengo el gozo de ser un hijo de Dios; tengo el gozo incomparable de ser cristiano.

[Basado en Lucas 10:17-20]

64 – LA MEJOR OBRA QUE DIOS HA HECHO EN MI VIDA

> El mayor milagro que Dios ha hecho en mí ha sido darle vida y libertad a mi espíritu desabrido y cautivo.

Dios ha hecho muchas obras hermosas en nuestras vidas, milagros asombrosos y sobrenaturales. No obstante, ningún milagro podrá compararse con el magnífico y pertinente encuentro que tuvimos con Él.

El Salmista expresó en el Salmo 66 todas las obras poderosas que el Señor había hecho en su vida, donde notamos el regocijo con el que escribe cada verso de este cántico.

En efecto, el amor de Dios nos produce un gozo inigualable y sincero, pues con alegría queremos prorrumpir por el mundo todo lo que Cristo ha hecho en nosotros y lo que quiere hacer en los demás.

Hay momentos inolvidables en nuestras vidas, momentos que quisiéramos volver a vivir y días colmados de dicha. ¿Cuál es el mejor día de tu vida? Personalmente, no habrá otro día que se compare con aquella mañana en la que conocí a mi Señor, porque esa fue la obra más hermosa que Dios ha hecho en mi vida. Comparto las palabras del Salmista: «Venid todos los que le temen a Dios, y les contaré lo que ha hecho a mi alma». A todos los invito a ver las obras perfectas que hace Jesucristo, y cada vez que me refiero a la bondad de Dios, lo hago con regocijo, sabiendo que en su viña está mi deleite.

Sé que llegarán días en donde me voy a regocijar profundamente, en aquellos momentos donde mis sueños se cumplan, pero ninguno como el día en el que le entregué mi vida a Dios.

Cuando el apóstol Pablo tuvo el encuentro con Jesucristo, sabía que después de aquel acontecimiento tenía una misión. Tuvo claro cuáles eran los pasos que debía seguir después de encontrarse con Jesús. Inmediatamente, el apóstol Pablo comenzó a evangelizar a los gentiles, iniciando, de esa manera, su ministerio. Pablo dijo: «... ¡ay de mí si no anuncio el evangelio!» (1 Corintios 9:16).

Hermanos, no permitamos que las pruebas en nuestro camino nos llenen de ansiedad. Recordemos que caminamos con un Dios que siempre ha estado a nuestro lado. Él nos ofreció su amor que quedó evidenciado en la cruz. Dios nos ama, corrigiéndonos cuando erramos; y nos amará si mostramos gratitud y complacencia.

¿En qué prueba Dios te ha abandonado? Si ayer estuvo contigo, te aseguro que hoy y mañana también lo estará. No obstante, recuerda que por más que se cumplan tus sueños, ese regocijo no se comparará con el gozo que sentimos cuando nos encontramos con Jesucristo, porque esa es la mejor obra que Dios ha hecho en nuestras vidas.

65 – JESUCRISTO ESTÁ PRESENTE EN NUESTRA BARCA

Pese a estar naufragando en el mar de iniquidades y estar lejos de la perfección, una voz dentro de mí me recuerda que Jesucristo es el capitán de mi barca.

Los Evangelios de Mateo, Marcos y Lucas narran el poder de Jesús calmando la tempestad y cómo los discípulos temieron mientras atravesaban una tormenta.

¿Este pasaje es análogo a lo que pasamos los cristianos en este mundo? En palabras más claras, día a día atravesamos diversas tormentas, navegamos y nos atemorizamos; sobre todo, al igual que los discípulos, pensamos que Jesús está durmiendo y no tiene cuidado de nosotros. Es normal que nos escandalicemos por una prueba, pero debemos aprender a confiar en Dios, poniendo nuestra fe como base principal en medio de la transitoria tormenta.

Aunque parezca que el Señor no está obrando en nuestras vidas, si Él está en nuestra barca, sumergirnos en el dolor será imposible, porque mientras Él esté con nosotros la barca no podrá hundirse, simplemente porque nos sujetamos en su poder inamovible. Entonces, si nuestro respaldo está en Dios, ¿existirá tormentas o vientos que puedan vencernos? Este pasaje nos recuerda que Jesús es el capitán de nuestra barca, es Él quien nos dirige hacia nuevos destinos.

¿Observas que Jesús no se atemorizó por dicha tormenta? Esto impresionó a los discípulos, pero ¿por qué habría de impresionarles? ¿Acaso aún no tenían claro quién era Jesús? Por eso el Maestro se refirió a ellos como «personas de poca fe».

Ahora bien, esto sucede con nosotros en cada tormenta que atravesamos, pues cuando cruzamos por momentos arduos, nuestra fe se debilita, haciéndonos creer que Jesús duerme y que no se preocupa por nosotros. El Evangelio de Marcos 4:35 manifiesta que Jesús dio una orden, diciendo: «Pasemos al otro lado». Entonces, si Jesús es quien nos da la orden de cruzar el mar para llegar al otro lado, es porque Él va a estar a nuestro lado. Notemos que Jesús nunca dijo «Pasen ustedes», sino «Pasemos», queriéndonos decir que Él va a estar con nosotros en medio de la tormenta; asimismo, Él la calmará.

¿Aún no sabes quién es Jesucristo? ¿Por qué dudas? Él prometió que iba a estar con nosotros todos los días de nuestra vida; no hay de qué preocuparnos. Jesús está en nuestra barca, no debemos temer a la tormenta, ni pensar que naufragaremos. El viento y el mar obedecen al Señor, y por más que intenten zarandearnos, no podrán, porque Jesucristo está presente en nuestra barca.

[Basado en Marcos 4:35-41]

66 – AL PECADO DILE «NO»; A DIOS, «SÍ»

La libertad genuina se logra cuando somos capaces de controlar nuestros deseos ignominiosos.

A una persona se le complica decir «no» a las peticiones que no desea acceder, porque no quiere ir en contra de los demás. En la Biblia, los siervos de Dios tuvieron la valentía de negarse al pecado. Esta negación cambió por completo sus vidas y estableció un nuevo destino.

De la misma manera, la Biblia también menciona a un varón llamado Moisés, mismo que poseía un destino diseñado e indeleble. Este varón era respetado y reconocido como el nieto del Faraón que gobernaba en Egipto.

Moisés poseía riquezas a su alrededor y el poder para gobernar; no obstante, él negó que lo llamen «nieto del Faraón», optando por ser humillado junto con el pueblo de Dios, que en aquellos tiempos era esclavo de Egipto. Prefirió servirle a Dios antes que gozar de las complacencias transitorias y destructoras del pecado y la vanidad.

Es importante saber que para nosotros los cristianos también hay momentos en los cuales no podemos participar, circunstancias que sabemos que no son buenas y que no edificarán un modelo divino como el que Dios ofrece. Por eso debemos decirle «NO» a las personas que nos quieran apartar de Dios, sin importar lo que piensen de nosotros. Dile «no» a quien quiera distorsionar las promesas o el concepto de las afirmaciones divinas, aquellos que buscan diseminar dudas en tu corazón contra la Palabra de Dios. Dile «no» al diablo que busca impulsarte a fallarle ciegamente a Dios.

En lo poco, guárdate y sé fiel, sin importar que se burlen por tu forma de pensar. Dile «NO» a quien no te quiere esperar y se afana por conseguir cosas de ti para complacer sus deseos. Niégate cuando te inviten a lugares en donde Cristo no te puede acompañar.

Si Dios no va contigo, mejor no vayas a ningún lugar. Cuando alguien critique a otros, es mejor salir de ahí, porque el que ama a Dios, ama a su hermano. Muestra valentía y demuestra que no estás de acuerdo con su forma de pensar.

[Basado en Romanos 6]

67 – SEGÚN LA BIBLIA, ¿QUÉ ABORRECE DIOS?

> La pureza de Dios es incomparable. No manches su imagen con la protervidad de tu alma.

El libro de Proverbios, específicamente el capítulo 6, menciona que seis cosas son las que aborrece el Señor, incluso son siete las que su alma tiene como abominables. ¿Cuáles son? Los ojos soberbios, la lengua mentirosa, las manos que desembocan la sangre de personas inocentes; asimismo, repudia el corazón que elabora y maquina pensamientos inmorales, perversos y malignos, siendo pensamientos de pecado; también menciona que condena los pies que corren al pecado con apresuramiento; de la misma manera, al embustero y murmurador que habla mal de su hermano, levantándole calumnias en su contra.

El Señor repudia los problemas, contiendas contra los demás y mentiras que crea el hombre en la actualidad. Asimismo, el hombre queda imposibilitado a obrar conforme con la voluntad de Dios, esto se debe al pecado. Es decir, mientras el hombre siga corriendo hacia la imperfección, por más que lo intente no podrá obrar de acuerdo con el plan de Jehová, pues el hombre es presidido por la iniquidad de su corazón. Dios aborrece que el hombre sea arrogante y se crea mejor que los demás, repudia que piense que es perfecto; sobre todo, por las pequeñas «obras» que hace. Ningún hombre es perspicaz delante de la sabiduría de Dios.

El hombre mentiroso, arrogante y condenador es el instrumento útil que el enemigo usa a su antojo. Aquellos que pastorean a ovejas ciegas, y lo hacen según la arrogancia de su corazón, inútilmente pierden su tiempo.

En la cruz, Jesús fue hecho maldición por amor a nosotros, según lo expresa 2 Corintios 5:21. Entregó su vida para que el hombre, que era aborrecido por sus pecados ante Dios, fuese liberado y se transformara en hijo del Padre, misma transformación que proviene del inmenso amor que Cristo nos demostró en la cruz, haciéndonos pasar de lo aborrecido a lo justificado.

Hermanos, expulsemos de nuestros ojos la altivez y el orgullo insatisfactorio, no digamos mentiras, no le hagamos daño a nadie ni a nosotros mismos; no murmuremos en contra de nuestros hermanos; no seamos escépticos con la voluntad de nuestro Padre; apartemos de nosotros los pensamientos inmorales y maliciosos, y alejemos nuestros pies del pecado y corramos hacia Cristo, sabiendo que en Él podemos ser libres y recubiertos con atavíos celestiales.

TEMAS PARA PREDICAR

SOMOS EL INSTRUMENTO QUE DIOS USA PARA GUIAR A ESTE PUEBLO A LA SENDA DE VICTORIA.

1 – MOTIVOS QUE TE IMPIDEN SEGUIR A DIOS

La ceguera espiritual es el mayor problema para los inconversos, incluso para aquellos que ya han conocido al Señor. Las personas se niegan a seguir a Cristo por motivos irrelevantes. Esto no se trata de tener miedo a la «Gran tribulación» o a la venida de Cristo, sino de confiar en que la vida se vive mejor en los atrios de nuestros Dios.

Con el transcurso del tiempo, el hombre ha optado por mostrar una conducta rebelde contra Dios; sobre todo, una postura desinteresada y una mentalidad extremadamente pobre, con tendencia conformista. Conozco a muchas personas que anhelan enamorarse de la Biblia, pero ciertos motivos se convierten en un óbice para este encuentro sobrenatural con el Evangelio.

De esa manera, el ser humano divaga por el mundo, creyendo que vive mejor sin Dios, engañándose a sí mismo y retardando lo que es inevitable: el encuentro oportuno con Dios. Entonces, esto nos lleva a navegar en el océano de la duda: ¿Qué te impide seguir a Cristo? ¿Cuáles son esos motivos? ¿Te animas a vencer esos obstáculos?

Ceguera: Si te preguntara sobre lo que te impide seguir a Cristo, ¿qué me responderías? Seguramente me dirías: «No estoy preparado». Crea una escena en tu mente, donde estás en un cuarto en soledad, sin ver nada, porque tienes un velo en tus ojos con una inscripción: «No estoy preparado». La típica excusa de no estar preparado... no es nada más que eso, un pretexto. Los velos de la mentira que el enemigo pone en tus ojos caerán solamente cuando tomes la decisión de seguir a Cristo. Te aseguro que ya estás preparado, simplemente no puedes ver. Nuestro problema está en que somos ciegos, porque no dejamos que Jesús nos sane. Él es la luz de este mundo (Juan 9:5), deja que ilumine tu camino y empieza a permitir que llegue hasta tu corazón.

Desconfianza: La incredulidad es uno de los problemas más comunes en las personas. Gedeón, para creer que Dios iba a entregar a los madianitas en sus manos, pidió señales —no se conformó con una, porque en su corazón aún quedaban dudas. Existen personas que piden señales a Dios, no obstante, no se conforman, y piden una tras otra, de modo que dan espacio a la duda (Jueces 6:36-40).

Tú sabes que el camino está preparado, y la mayor señal para que creas que Dios te está llamando es cada palabra que has escuchado de un predicador. Es más, este libro es un llamado que Dios te hace. Sí, has rechazado en muchas ocasiones a Dios cuando le cierras la puerta de tu atención a los que se acercan a hablarte sobre el Evangelio. Este servidor es el instrumento que Dios está usando en este momento para llamarte. ¡El Rey te espera!

Ignorancia: Una persona necesita estar enamorada para seguir a alguien, pero también debe dejarse enamorar. Permite que Dios ministre en tu vida y sea Él quien sane ese corazón quebrantado. El hombre tiene un velo de ignorancia; es decir, un velo que es producto de la falta de conocimientos, y por esa falta de conocimientos el hombre levanta agravios contra Dios. La filosofía de Oseas 4:6 enuncia que el pueblo perece por falta de conocimientos (esto va para todos). Te aseguro que si el rebelde, el necio y el incrédulo se acercaran al Señor, comprendieran lo que es la verdadera vida, la cual se goza en la prudencia y decencia de nuestro espíritu.

Esta vida no se trata de disfrutarla, sino de poner al Dueño como primero en la lista, para que sea Él quien obre y nos dé la vida que debemos seguir. El incrédulo se burla, los detractores niegan la teoría del cristiano; si ellos conocieran lo que es amar a Dios, entenderían lo que siente un cristiano cuando se humilla delante de su Rey. Entonces, no critiques a un creyente si no sabes lo que significa una vida cristiana.

Rebeldía: El querer encajar en un mundo corrompido es un impedimento para acerarse al Dios vivo. Recuerda que la Biblia dice que toda rodilla se doblará ante Dios, y toda lengua confesará ante Él (Isaías 45:23). Observa a los cantantes seculares, uno por uno; poco a poco van dejando su rebeldía, porque, aunque por fuera se crean mafiosos, por dentro tienen un vacío que sus líricas no pueden sanar, porque ese dolor solamente lo puedo curar Cristo.

El hombre no quiere perder amigos, ni quiere dejar de enriquecerse en sus concupiscencias. Es esa rebeldía el motivo por el cual muchos se niegan a creerle a Dios, porque ¿acaso el joven prefiere un concierto donde no hay alcohol, drogas o bailes obscenos, sino lo contrario? Sus bailes no se comparan con los nuestros, porque en nuestras danzas hay amor y no pasiones pasajeras. ¡Nuestra fiesta no se acaba, es para siempre!

Emociones y circunstancias: Al hombre se le hace fácil culpar a Dios, pero difícil cambiar lo que ellos creen que está mal. Sus emociones van en contra de las de Cristo. Si amanecen enojados por algo, culpan a Dios; el mundo sufre, «Dios es el culpable». Por eso Jesús ordena escudriñar las escrituras. ¿Quieres una respuesta a tus problemas o quejas? Tienes la Biblia, ella te resuelve cualquier duda. No, Dios no es responsable de los desastres que el hombre causa; ya lo dice 2 Crónicas 7:14 – «Si se humillare mi pueblo, sobre el cual mi nombre es invocado, si oraren, buscaren mi rostro y se convirtieren de sus malos caminos; entonces yo oiré desde los cielos, perdonaré sus pecados y sanaré su tierra». Al buen entendedor, pocas palabras.

> **¿Sabías que...?**
>
> El Libro de Job es uno de los más antiguos de la Biblia y es considerado una obra catedrática de la poesía hebrea. Este libro narra la historia de Job, quien enfrentó grandes pruebas y adversidades. El libro traza interrogantes sobre nuestro nativo sufrimiento humano y la justicia de Dios. Esta es una historia que ha traído un cúmulo de paráfrasis.

Falta de discernimiento: Conectado con la ignorancia, la falta de discernimiento es un problema no solamente para el mundo, sino también para la iglesia de Cristo. Muchos no se acercan a Dios por dudar de sus promesas: ¿Cristo verdaderamente volverá por su pueblo? Se ve que el mundo no abre la Biblia ni siquiera para leer un versículo. Cristo viene, y no es que se esté tardando, la razón por la cual el advenimiento no se ha cumplido es por la misericordia de nuestro Señor (2 Pedro 3:9). Ese es mi afán por expresarte que acudas a leer la Biblia si quieres una respuesta a tus dudas. ¿Que si Cristo viene pronto? Pronto no, ¡Cristo viene ya!

Escucha pronto el llamado, porque Cristo está a la puerta. Ya se acerca; pronto descenderá. Aprovecha ahora que hay tiempo, porque la Verdad asegura que en aquel día no habrá salida. ¡Cristo es el centro!

2 – DE MUERTE A VIDA: UN SOLO CAMINO

¡Atiendan todos! ¡Me presento, soy una de las tantas personas que han pasado de muerte a vida! ¡Sí, hermano, nadie creyó que este varón le serviría fervientemente a Cristo! ¡Ni siquiera yo mismo! ¡Sí, mi querido amigo, encontré la única senda que me redirige a la victoria perpetua! ¡Atiendan todos, quiero hablarles de mi Dios!

¿Qué significa estar muerto para ti? La Biblia menciona en Romanos 6:23 que la paga del pecado es la muerte, pero… claro, poéticamente habla en el sentido espiritual. Es decir, estar muertos es estar alejados de Dios. Recordemos que el hombre se alejó de Dios cuando lo desobedeció, fue ahí cuando empezó a vivir conforme con su diseño de vida: sin Dios.

El apóstol Pablo mencionó en Efesios 2:5 que estábamos muertos por el pecado, incluso Jesús también mencionó en Juan 5:25 que los «muertos» que oyen la voz del Señor, vivirán. Discerniendo esto, podemos expresar que un hombre que vive sin Cristo está muerto en el pecado; aunque su cuerpo esté vivo, su espíritu perece. No obstante, si el hombre escucha el llamado y lo obedece, es vivificado. Por eso inicié este mensaje con alegría, porque yo permití que Dios le diera vida a mi espíritu desabrido e inexpresivo. ¡Me siento privilegiado!

En la enseñanza anterior, «Motivos que te impiden seguir a Dios», mencioné los obstáculos que impiden al hombre a aceptar el llamado, óbices que solamente se pueden sobrepasar con Cristo. Pero… ¿cómo podemos pasar de muerte a vida?

Encontrando el camino (Juan 14:6): El mundo necesita de Dios, aunque no quiera aceptarlo. Me emociona saber que día a día hay personas llenas de valor que deciden caminar con Cristo. De la misma manera, me regocija escuchar a personas predicar el Evangelio, personas que, quizá, nadie creía en sus capacidades, incluso no las veían como un instrumento de Dios, ni siquiera ellas mismas se divisaban de esa manera. No obstante, decidieron apartarse de un mundo corrompido, para seguir un camino de justicia y verdad.

Hermano, ve en busca de ese camino. Lo tienes cerca, pero tu negligencia te impide a entrar en él. Aquel camino no estará delante de ti para siempre, llegará el día en que no lo volverás a ver. Entonces, en ese día también llegará la descongoja y el arrepentimiento a visitarte, pero, lastimosamente, será demasiado tarde.

Escuchando la verdad (Juan 14:6): Diariamente, el Señor llama al hombre a seguirlo; no obstante, es a esto a lo que ellos rechazan constantemente. El hombre no se deja enamorar por Dios, pues hace caso omiso a su palabra, rechazando, de tal manera, lo que edifica, para seguir lo que perjudica. Prefieren seguir sus deseos y no a Dios, porque para ellos la palabra «Evangelio» no es relevante.

Son demasiados los temas que se tocan en una reunión de amigos: dinero, fama, deseos carnales, sueños, entre otros. Sin embargo, en ningún momento le brindan un espacio al Evangelio. ¿Qué esperas, amigo? ¡El tiempo es ahora!

Crucificando la carne (Gálatas 5:24): Hacer morir todos los deseos que posee la carne. Esto es una de las cosas que más nos cuesta, como seres imperfectos, abandonar. Incluso en la misma iglesia hay cristianos que aún no abandonan los deseos de la carne, por lo que necesitan un nuevo nacimiento que sea sincero y puro.

Esta generación se ha perdido en las charlatanerías de su carne. ¿Cómo pueden estar orgullosos de las pasiones juveniles que corrompen su mente? ¿Es el contenido de sus vasos un reflejo de lo que son o de lo que aspiran ser? ¿Acaso nuestras elecciones de celebración reflejan nuestras verdaderas prioridades y valores? ¿Cómo pueden regocijarse cuando están acabando cruelmente consigo mismos? De fiesta en fiesta; de copa en copa; de fracaso en fracaso. Tú, querido hermano, mejor embriágate del Evangelio y mata tus deseos, porque ellos solo te conducen al precipicio de la desgracia.

Volviendo a nacer (Juan 3:7): Esto era una cosa absurda para Nicodemo, porque... ¿cómo un hombre ya desarrollado podía volver a entrar al vientre de su madre para volver a nacer? El nuevo nacimiento hace morir al viejo hombre, y al nacer de nuevo se pasa de muerte a vida, pues dejamos atrás una vida de libertinaje para empezar un nuevo camino guiado por el Espíritu Santo.

Al momento en que, como seres humanos, experimentamos un renacimiento espiritual, debemos reflejar una renuncia concluyente a nuestros pecados y abrir nuestros corazones para recibir a Cristo, de modo que ya no vivamos de acuerdo con nuestra voluntad, sino que sea Dios quien habite en nosotros (Gálatas 2:20).

¿Qué sucede si no hacemos morir al viejo hombre?

La Biblia nos habla sobre una resurrección para vida eterna, esta resurrección es exclusiva para aquellos que siguieron genuinamente a Cristo, los cuales no pasarán la segunda muerte (Apocalipsis 20:6), pues ellos decidieron hacer morir al viejo hombre. Por lo tanto, la segunda muerte no tendrá autoridad sobre ellos. La segunda muerte es la muerte eterna, ya que cuando un hombre muere en esta tierra, solamente duerme, pues espera el juicio de Cristo.

¿Sabías que...?

Uno de los episodios más famosos del profeta Elías es un reto en el Monte Carmelo a los profetas de Baal en una apuesta para demostrar quién era el verdadero Dios. Después de un poderoso acto divino, la gente reconoció la hegemonía de Dios. La asombrosa historia de Elías subraya la importancia de la fe y la genuina devoción en el relato bíblico.

Ahora bien, aquellos que no siguieron a Jesús, tendrán su lugar en la resurrección que es para condenación, esto es para los que en vida rechazaron el mensaje de gozo y salvación. Lastimosamente, será un momento espantoso para los que despreciaron el mensaje de Cristo, así lo hace saber el libro de Apocalipsis. Por dicho motivo es que Cristo no regresa aún, porque espera que esta tierra lo busque rápidamente.

Y no, amigo, no te hablo de un Dios que condena a quienes no lo siguieron, sino de un Dios que hace justicia por sus hijos, aquellos que fueron oprimidos y perseguidos por los incrédulos y protervos.

El hombre es responsable de sus hechos; por ende, si tanto se jactan de su prestigioso libre albedrío, no tienen el derecho de quejarse de Dios, cuando ellos mismos tomaron sus decisiones, dejándolo a un lado. Hermano, comprende que este mundo está bajo la influencia del enemigo, y es el Señor quien triunfa sobre él. La elección de seguir al mundo o a Cristo, la tienes tú *(lee el segundo devocional)*.

La entrega de la vida de Cristo por ti es un testimonio de su amor inmenso. Por lo tanto, practica la gratitud hacia Él, ya que aquel que deposita su fe en el Hijo encuentra vida eterna (Juan 3:36).

3 – ¿QUIÉN ES DIOS?

El conocimiento del hombre sobre Dios se manifiesta en perspectivas divididas y erróneas. ¿Verdaderamente el hombre sabe quién es Dios? Nosotros, como carne que somos, tenemos conceptos distintos acerca de Dios, pues hay cristianos que opinan algo diferente a lo que piensan otros seguidores de Cristo.

Siendo más explícito, en mi trayectoria cristiana me he topado con algunos hermanos en Cristo, los cuales expresan una ideología diferente a la mía. Entonces, ¿cada persona sigue a un dios subjetivo o teorizado? Profesamos sobre el mismo Dios, pero, quizá, la perspectiva y manera de vivir de cada persona dan lugar a los pensamientos dubitativos.

Somos seres humanos, y, por ende, nuestra esencia radica en la autenticidad de nuestros pensamientos o criterios. Es obvio que jamás estaremos de acuerdo sobre diversas temáticas. Por lo tanto, la Biblia nos ordena a no alinearnos de acuerdo con nuestras tendencias, sino sujetarnos en la objetividad de las promesas de Dios.

Los hombres pueden exteriorizar conceptos relativos de manera imperfecta sobre la existencia de una Deidad. Como mencionaba anteriormente, hay cristianos que crean teorías sobre Dios, y otros que se basan al Dios de la Biblia. En el devocional «El Dios de la Biblia» expresé brevemente el concepto que tienen las Escrituras sobre Dios *(lee el vigésimo sexto devocional).*

Recuerdo una ocasión en la que sostuve una especie de debate con un compañero de mi clase que se inclinaba hacia el agnosticismo. Su pensamiento escéptico acerca de la existencia de Dios se fundamentaba en la diversidad de religiones creadas por el hombre, cada una presentando a Dios a su manera. Esto lo llevó a cuestionarse cuál de todas era la correcta o si realmente existía un Dios verdadero.

No se trata de que adoremos a distintos dioses. En realidad, adoramos a un único Dios, pero tenemos enfoques diferentes. Todo es cuestión de percepción: tú puedes ver algo que otra persona no ve, sin embargo, eso no significa que sean dos cosas diferentes; o tú puedes ser percibido como alguien rudo por algunos, mientras que tus familiares te ven como una persona dulce, no obstante, sigues siendo tú mismo.

Cada doctrina cristiana predica del mismo Dios, no obstante, estas doctrinas tienen sus propias ideologías. Está bien tener nuestra propia perspectiva, pero el mal radica cuando nuestro enfoque se desalinea de los preceptos de la Biblia.

Adjuntando todos los criterios del hombre sobre el concepto de Dios, podemos deducir que hay discrepancia entre sus teorías, es por eso por lo que lleva al mundo a navegar en la pregunta: ¿Quién es Dios?

El Eterno Creador (Hebreos 3:4): En el devocional «Dios sigue siendo Dios» *(lee el quincuagésimo segundo devocional)*, menciono que por más que pase el tiempo, Dios seguirá siendo el mismo de ayer, aludiendo que en la cultura judía para referirse a Dios lo hacen con el nombre «El Eterno», aquel que no tiene inicio ni fin.

La humanidad fue creada por el Señor en un momento dado. Sin embargo, desde antes Dios ya existía. Esto lo podemos relacionar con que Dios es el Creador del universo, de nuestras vidas y de nuestros propósitos. En pocas palabras, Dios es el Eterno Creador, es uno solo; fuera de Él no hay otro ni habrá otra deidad.

El centro de la vida: El universo es grande, creado únicamente por Dios. Sin embargo, Dios existe fuera de la creación de este universo, es decir, existe desde antes de cualquier objeto creado o partícula originada. Dios está por encima de cualquier edificación o teoría científica creada por la concepción pobre del ser humano.

Contrargumentar que Dios creó al hombre se basa en la pregunta: ¿Quién creó a Dios? Entonces, básicamente, la pregunta es contradictoria e infinita, pues crearíamos un bucle de dudas sobre la creación de cada agente. Por lo tanto, se establecería la interrogante: ¿Quién creó a Dios? Teniendo una respuesta que nos llevaría a realizarnos una nueva pregunta: Entonces, ¿quién creó al creador de Dios? Quedándonos, de tal manera, en preguntas interminables.

Una de las analogías ligadas a este bucle de incógnitas y respuestas, sería la mítica duda: ¿Qué fue primero, el huevo o la gallina? Entonces, el **principio de la causa primera** *(lee más sobre esta conjetura)* es el argumento esencial para defender la hipótesis de que, para algo exista, debe haber una causa primera que no requiere una causa externa; un Ser Supremo que es la causa de todo lo existente.

Ahora bien, el Salmo 90:2 expresa que, desde antes de cualquier creación, Dios ya existía. Es más, su nombre, revelado a Moisés en el Monte Sinaí (Éxodo 3:14), refleja su eternidad. «Yo soy el que soy», «Yo soy el que existe», manifestando su omnipotencia.

Independiente y Soberano: A diferencia del hombre, Dios no depende de nada ni de nadie. El Señor no depende de la iglesia, pero la iglesia sí depende de Dios. Asimismo, nosotros tenemos que rendirle cuentas o tomar una decisión de acuerdo con su voluntad; mientras que Él establece los hechos que suceden en nuestra vida sin tener que consultarle a nadie. Su independencia sobrepasa las percepciones e ideologías de cada ser humano.

Omnipresente (Proverbios 15:3): Sabemos que el Señor siempre está a nuestro lado; asimismo, nos hace entender que no podemos huir de su

¿Sabías que...?

El nombre de Dios contiene cuatro letras: YHWH. Con el tiempo, hemos añadido vocales como «e» y «a»: Y**E**HW**A**H. Se cree que estas letras representan sonidos de respiración: YH (inhalación) y WH (exhalación); de modo que, desde nuestra primera respiración, pronunciamos el nombre de Dios. Entonces, cuando una persona muere deja de pronunciar su nombre.

presencia, recordándonos que sus ojos están observándonos en todo momento (Proverbios 15:3). Dios no está limitado al tiempo o el lugar, es omnipresente; está en todas partes.

Dios no ha cambiado, sigue siendo fiel y amoroso con nosotros. Fuera de Él no hay ni habrá otro dios. Tiene bajo control nuestras vidas. Por lo tanto, debemos guardar sus mandatos y obedecerlo en todo momento.

Dios es más que una simple teoría creada por el hombre; sobrepasa lo que nuestro intelecto puede comprender. Él es Espíritu, Luz y Amor. Envió a su Hijo para que lo podamos conocer. Dios va más allá de cualquier creencia o ideologías carnales; es mayor que la ciencia, la teología o la filosofía. No tenemos el concepto completo de Dios.

4 – HERRAMIENTAS PARA BATALLAR CONTRA EL PECADO

¿Cómo podrá pelear el pueblo de Dios contra el adversario, si está dividido? Cada tentación es una oportunidad para demostrar lo fiel que le podemos ser a Dios; asimismo, demostrarle al enemigo que nuestras herramientas para batallar son más eficaces que las herramientas que él usa para hacernos caer. Debemos entender que el enemigo no va a descansar hasta lograr su objetivo.

La iglesia debe permanecer unida para batallar, y no perecer. Unos están en contra de otros. ¿Acaso no somos un mismo cuerpo? Somos el cuerpo de Cristo y nuestro Señor es la cabecera, y si Él es la cabecera, Él pelea por nosotros.

El problema de la iglesia es que obedece a todas las mentiras que dice el enemigo. La herramienta que usa el diablo para persuadir a la iglesia es la calumnia contra Dios; es decir, profiere mentiras acerca de Dios, para que la iglesia se desvíe de su camino. Lo primero que hizo la serpiente contra Adán y Eva fue lanzar su veneno; mintió, mostrando a Dios como un ser cruel y egoísta. El hombre obedeció a la serpiente, y no a su Deidad. Cuando el enemigo expresa su amenaza contra ti, ya tu Padre se había anticipado para protegerte.

Pedro, desde su paradójico carácter de fortaleza y debilidad, dio acceso a sus pensamientos a Satanás cuando le dijo al Maestro que no vaya a la cruz. Satanás sabía que si Jesús iba a la cruz, su gobierno sería destruido.

La herramienta que el diablo usa para persuadir tus pensamientos es la mentira, manchando la imagen de Dios.

¿Cómo es posible que algunas personas encuentren tanta satisfacción en llevar a cabo elecciones de vida que desafían abiertamente las normas divinas y morales, sin mostrar el mínimo rastro de remordimiento? Vivir en la esclavitud del pecado no es un juego del que debamos enorgullecernos. Al principio, puede parecer inofensivo y sentir que tenemos el control total; pero con el tiempo, se convierte en una adicción de la que es extremadamente difícil liberarse.

El enemigo es astuto, por lo que busca desorientarnos del propósito perfecto de Dios en nuestras vidas.

Entonces, ¿qué debo hacer para batallar contra la astucia del diablo? Primero, debes tener en cuenta lo que dice 2 Corintios 10:4, pues nuestras armas tienen poder divino para destruir barreras y pensamientos que van en contra de nuestros principios. Si usamos las herramientas poderosas que Dios nos da, podemos serle fiel a Cristo, ya que, aunque venga el enemigo con ímpetu, el auxilio de Dios está de nuestro lado. Luego...

Enfócate en Dios: Tus pensamientos deben estar asentados en los pensamientos de Dios. Si el Señor pone pruebas en tu camino es porque confía en ti y sabe que puedes batallar. Por eso, su respaldo va a estar siempre contigo.

Por lo tanto, amado hermano, quita tu mirada de las mentiras del enemigo, porque, aunque estés rodeado de tinieblas, tus pensamientos están fortalecidos en Dios, y el Señor iluminará los senderos ocultos por los que no puedes caminar.

Ora asiduamente: No calles; si tu misión es hablar de Dios, habla. Ora, porque Dios escucha tu clamor y sale a defenderte de los dardos del diablo. La oración es la herramienta más poderosa para estar firmes ante las amenazas del enemigo.

La oración es como la luz que esparce su brillo en una habitación oscura. Sin ella, nuestras vidas se encuentran perdidas en la oscuridad. Sabemos que la lobreguez es producto de nuestras transgresiones, y sin la oración seguiremos habitando en la oscuridad del engaño. La oración ilumina nuestra relación con Dios, permitiéndonos avanzar con claridad y apreciar hasta lo más recóndito de su perfecta e incomparable gracia.

1 Juan 5:14 dice que Dios nos oye cuando nos acercamos a Él. Lo más hermoso y poderoso es pasar en la presencia del Señor. El enemigo sabe que con la oración sus fuerzas son atenuadas, por eso siempre pone un óbice que impide acercarnos a Dios. En tus angustias, clama a Jehová, porque Él oye desde su reino.

Ten fe: Ahora bien, una oración sin fe no sirve para nada, sería solamente un momento de palabrerías vanas. Un cristiano sin fe no es grato ante los ojos de Dios (Hebreos 11:6). La fe es lo que da vida a un espíritu debilitado, y lo primero que ve el enemigo cuando ataca es la confianza que el hombre tiene en Dios.

Entonces, si tu confianza es débil, el ataque del enemigo vendrá con más fuerzas; no obstante, si tu confianza es fuerte, las agresiones de nuestro contrincante se debilitarán.

La fe es como el ingrediente secreto en una receta. Sin ese ingrediente, el platillo quedaría insípido y su esencia perdería por completo el valor que lo caracteriza. No sería lo mismo para el paladar degustar una comida sin su toque único. Entonces, de la misma manera, la fe es el reflejo de nuestro compromiso genuino con Dios, y sin ella nuestra conexión con Cristo tendría una insuficiencia de naturalidad, ofreciendo, pues, un amor falsificado e insatisfactorio. No será lo mismo para Dios escuchar a alguien cuyo corazón ostenta dudas.

> **¿Sabías que...?**
>
> El nombre «Barrabás» es de origen arameo y significa «hijo del padre». Esto denota que nosotros somos hijos de Dios: el Padre; y Barrabás, el hombre que fue liberado de ser crucificado y que en su lugar padeció Jesús, nos representa. ¡La cruz que cargó Jesús era nuestra!

Sé inteligente: Simplemente tu boca debe confesar que el único que puede batallar por ti es Dios: «Ven a mi rescate, Señor, porque mis pies están heridos y no pueden caminar». El enemigo es sagaz, pero debes ser sabio.

En los momentos de pelea, debes practicar todo lo que has aprendido con Dios. Si crees que con tus propias fuerzas vencerás tus debilidades, estás perdido, hermano (1 Samuel 2:9).

Nunca olvides que tus herramientas son divinas con un poder inagotable. De la misma manera, debes creerle en todo momento a Dios, y no a las mentiras del enemigo. Entonces, tus herramientas para pelear son: enfoque, oración, fe e inteligencia. ¡Úsalas sabiamente!

5 – ¿QUÉ DEBEMOS HACER PARA GANARNOS LA GRACIA DE DIOS?

La abundancia espiritual en el Evangelio arranca desde el momento exacto en donde una persona decide vivir correctamente delante de Dios. Un espíritu que es conducido por sendas de rectitud y victoria es agradable ante los ojos del Señor.

¿Quién conduce al espíritu? Los hijos de Dios son guiados por el Espíritu Santo —lo dice Romanos 8:14—, pues un cristiano es formado por Dios, no obstante, es instruido por el hombre, quien se inspira por el Espíritu. Entonces, el pastor debe cuidar a su oveja, pues él es la persona que la instruye y tiene el derecho de corregirla. Este mensaje es dirigido especialmente para los jóvenes que enfrentan debilidad espiritual.

Con el transcurso del tiempo, como seres imperfectos que somos, hemos mostrado una conducta «independiente» delante de Dios. Básicamente, hemos bosquejado planes y sueños que se desajustan de las pautas celestiales. Es normal ver a la humanidad descarriarse y perderse en los placeres efímeros de sus aguijones.

En la actualidad, es irrelevante esforzarnos para encontrar la gracia de Dios. Como joven, me encuentro rodeado diariamente de muchos contemporáneos, y he escuchado barbaridades de cada uno de ellos. Me asombra divisar a creyentes afanarse por cualquier otra cosa que no sea vivir una vida dignificada delante de Dios. Sin embargo, lo más sorprendente ha sido toparme con jóvenes cristianos, los cuales se han dejado influenciar por las mentiras y las tentaciones de la sociedad.

En el devocional «El peligro de las malas influencias» *(lee el séptimo devocional)*, hago un llamado a ser sabios al momento de seleccionar nuestras amistades. Cuando inicié mi carrera universitaria, sabía que, más allá del desafío pedagógico, me enfrentaría a un reto personal por causa de mi compromiso con Dios.

Según mi criterio, creo que en este punto de la vida el cristianismo se convierte en un desafío diario. Ser cristiano y, al mismo tiempo, joven es una batalla constante para vencer nuestros deseos; sobre todo, por estar rodeados de personas que «gozan» la vida a su manera, la cual va en contra de nuestros valores en la fe cristiana.

Comprendo a los jóvenes que se han desvinculado de Dios, pues sé perfectamente lo que son las tentaciones asiduas. Sin embargo, debemos mantenernos firmes en nuestra lucha y serle fiel a Dios hasta el final. Pero... ¿qué debes hacer para hallar gracia en los ojos de Dios?

Ejercer el Evangelio: Vive el Evangelio como Cristo lo vivió. Es decir, si anuncias el bien, haz el bien; si anuncias la paz, sé pacífico; si anuncias la misericordia, ten misericordia; si anuncias la venida de Cristo, vigila para que estés preparado.

Ahora bien, ¿qué sucede si anuncias un Evangelio distinto al de la Biblia? ¿Qué pasa si manipulamos o tergiversamos la Palabra de Dios de acuerdo con nuestras ideologías? Pablo describe en Gálatas 1:9 que la persona que predica en contra del Evangelio aprendido por Cristo es **anatema**. La palabra «anatema» proviene del latín *anathema*, que tiene como significado una excomunión en la doctrina (el Evangelio). Entonces, la persona que anuncia un mensaje distinto al de la Biblia es desterrado, específicamente por Dios, de su vocación.

Lo más importante en seguir a Cristo es hacerlo de corazón. Si lo haces de buena voluntad, tienes recompensa; pero si lo haces con negligencia, tus súplicas quedan en el aire. Sin embargo, no es bueno que como ministro de Dios adoptes una postura conductista que ejerce su tarea a cambio de una recompensa. Cumple la voluntad de Dios de manera genuina y transparente. La voluntad de Cristo busca que vivamos en santificación (1 Tesalonicenses 4:3).

Cuidar tu santidad: La palabra «santidad» proviene del término latino *sanctĭtas*, que abarca los significados de responsabilidad o libertad (especialmente, libres de culpas). La Palabra de Dios dice que el Señor no ha llamado a sus hijos para que vivan en inmundicia, sino en santificación (1 Tesalonicenses 4:7).

Cristo santifica al hombre cuando este corre a sus pies de corazón. Si vas en contra de la santidad, vas en contra del Espíritu; si vas en contra del Espíritu, amas la imperfección y aborreces a Dios. Pero… ¿qué debemos hacer para cuidar la santidad?

1. **Cumple tu compromiso:** El día en el que conociste al Señor te comprometiste a seguirlo sin importar las circunstancias. Tu compromiso no es solamente leer la Biblia u orar, también debes practicar lo que lees y confiar por lo que pides.
2. **Ama:** Tu corazón debe estar lleno de amor para Dios y para el prójimo. Recuerda que todo lo que has conseguido —sea bueno o malo—, Dios lo ha permitido para perfeccionar tu camino. Lo que caracteriza principalmente a Jesucristo es su amor. Con todo lo que hemos leído sobre Él, podemos concluir que su santidad provenía de su humildad y sabiduría.
3. **Sé sabio:** En tu camino van a haber momentos en donde no sabrás qué decisiones tomar. Sin importar de lo que se trate, el sabio siempre consulta a Dios sobre lo que puede hacer y lo que no. ¿Cómo consultas a Dios? Principalmente, debes hacerlo mediante la oración; también, en la Biblia hay centenares de respuestas que Él te puede dar. ¡Toma buenas decisiones!
4. **Pide perdón y perdona:** El orgullo es lo que impide tener un corazón limpio. Hay veces en las que por el orgullo perdemos la confianza de

> **¿Sabías que…?**
>
> El relato bíblico de la Torre de Babel (Génesis 11:1-9) explica por qué la humanidad es diferente. Anteriormente, todos hablaban un solo idioma, hasta que Dios confundió sus lenguas. La palabra «Babel» suena similar a «confusión», lo que refleja el propósito de Dios al crear lenguas distintas en ese momento.

muchos, causamos divisiones y solamente nos lastimamos. Practica lo que dijo Jesús: si una persona te abofetea, ofrécele la otra mejilla; si una persona no te habla, toma la iniciativa de hablarle tú.

5. **Actúa como un hijo de Dios:** Trata con tu carácter y actúa lo mejor que puedas. Recuerda que no eres perfecto, y nunca lo vas a ser. No obstante, trabaja con tu santidad, y no retrocedas; mejora, y no declines.

Temer a Dios: Algo que dignificó a David delante de los ojos de Dios —incluso después de que cayó en el pecado—, fue su temor a Él. Temer a Dios no es ser cobarde, sino entender que Él tiene el poder para decidir lo que puede hacer con nosotros; es decir, reconocer que solamente dependemos de Él.

Ser paciente: Cuando David derrotó a los filisteos, primero consultó a Dios. El Señor le dijo que cuando oiga ruidos como de marcha por las copas de las balsameras, batalle (2 Samuel 5:24). David pudo herir a los filisteos mucho antes, sin embargo, fue paciente y esperó la orden de Dios. Cuando Dios destruye nuestros sueños es porque nos está protegiendo del daño que estos nos pueden provocar.

6 – ¿CÓMO ROMPER LAS CADENAS DE ESCLAVITUD?

Cristo, en su gran amor, nos dio la libertad por la cual hoy podemos acercarnos a Él sin ninguna atadura; no obstante, nuestros defectos nos llevan a encadenarnos nuevamente. En la cruz, Jesucristo nos dio el acceso a la libertad. Sin embargo, nosotros debemos cuidar el templo en donde mora su Espíritu.

Limpiar nuestra suciedad corporal no indica que seamos limpios eternamente. Del mismo modo, tener un encuentro con Jesucristo no significa que no volvamos a experimentar tentaciones que nos lleven a las ataduras o a mancharnos del pecado nuevamente.

Imagínate por un momento tomando un jarro de chocolate. Por un descuido, el jarro se resbaló de tus manos y ensució tu ropa; necesitas limpiarla nuevamente, ¿verdad? Pues esto es una semejanza de nuestro espíritu, ya que hay veces en las que descuidamos el templo y lo manchamos. Por estos «descuidos» vienen las ataduras. Debes tener en cuenta que las cadenas solo las puede romper Cristo; sin embargo, también debes esforzarte.

Esta enseñanza es muy especial para mí, puesto que es un producto, precisamente, de una experiencia desagradable en la que buscaba ansiosamente la salida de un embrollo lóbrego en el que me encontraba. Al final de ese laberinto, utilicé las herramientas para poder encontrar la luz de la salida. Entonces, hermano, para romper las cadenas de esclavitud que te estancan debes...

Decidirte (Hechos 3:19): Cuida tu autoestima espiritual, no dejes que las cadenas te desvíen. Igualmente, no permitas que el enemigo te defina como un mal cristiano, sino que debes esforzarte para no vivir en la maldad. En cada oración menciona: «Yo no voy a seguir la malevolencia, no voy a transitar en trayectoria equivocada. ¡Yo voy a caminar con Dios!».

El diablo es experto en jugar con nuestro pensamiento y en destruirnos mentalmente. Recuerdo que una de las barreras que me impedían observar mi identidad y, sobre todo, mi valor autentico, eran las artimañas del enemigo.

Por lo tanto, hermano, aquel juego de dependencia a nuestros deseos acabará cuando nos decidamos a dar el primer paso: desobedecer las mentiras del diablo. No dejes que sus palabras negativas te afecten, como cuando te hace creer que todo está perdido, con la frase: «Ya no hay solución». ¡No! ¡Eso no es cierto! La verdad es que siempre hay una solución, y se encuentra en Cristo Jesús, quien te espera ansiosamente con los brazos abiertos para perdonarte y redimirte de tus culpas.

Entonces, antes de escuchar y obedecer al diablo y sus mentiras aflictivas, busquemos refugio en Dios, quien nos escucha cuando ofrecemos a Él un corazón contrito. Cuando temamos y sintamos que no podemos más, confiemos plenamente en Jehová (Salmo 56:3).

Cambiar tus planes: Si tu plan es ser fuerte en estos casos, definitivamente pierdes. La Biblia dice que nadie será fuerte por sus propias fuerzas (1 Samuel 2:9). ¿Quién eres para pelear solo? Una débil ovejita no puede batallar contra un lobo. Cristo es el centro, Él es el vencedor. Llévale la contra al pecado, y haz el bien. Tus intentos se reducen al fracaso; tus métodos son sinónimo de derrota asegurada. ¡No más a tu manera! Es momento de obedecer a Dios.

En ciertas ocasiones, suelo repetirme lo débil que soy, pues eso me hace entender que siempre voy a tener a un Dios **fuerte** que me sostendrá. Pablo se regocijaba en sus debilidades (2 Corintios 12:9), pues cada tentación es un recordatorio de la inmensa confianza que Dios deposita en nosotros y el colosal miedo que tiene el enemigo. Toma tus tentaciones para contratacar al enemigo.

No me canso de mencionar que he evidenciado que, cuando mi corazón está en una etapa de enfriamiento o deja de buscar a Dios, el enemigo no me tienta. Sin embargo, cuando más cerca estoy del Evangelio, sus amenazas, de inmediato, se presentan para sabotear el trabajo de Dios, lo que refleja que nuestro acercamiento y relación con Jesucristo es una de sus amenazas.

Ahora bien, cuando cambiamos nuestros planes y dejamos de hacer las cosas a nuestra manera, debemos escapar de todo aquello que nos tienta y nos hace volver a las ataduras. Existen momentos en los que nosotros mismos buscamos las tentaciones, sabiendo lo débiles que somos y que no resistiremos; por lo tanto, terminamos resbalando.

Cortemos de raíz la tendencia que nos lleva a situaciones en las que los aguijones toman control de nuestras decisiones. Mejor, busquemos asiduamente a Dios y no menguemos la oración que nos sustenta.

Reconciliarte: Las cadenas se rompen solamente cuando renunciamos a la rebeldía. La Biblia dice que el enemigo anda como león rugiente buscando a quién devorar (1 Pedro 5:8). Por lo tanto, debemos estar atentos y conscientes de que el diablo no encontrará alivio hasta vernos yacidos en el suelo de la descongoja y sollozando en la alcoba del padecimiento y la inmundicia.

Su astucia hará que siempre encuentre oportunidades para tentarnos y derribarnos. No obstante, si nos sometemos fuertemente a Dios, los planes del diablo serán diluidos. El ayuno es una de las mejores armas para batallar como un verdadero siervo. Cuando creía que todo estaba perdido en mi vida, me sometía a ayunos constantes. Por eso, hermano, te aconsejo que utilices el método del ayuno, el cual empleé en mis temporadas lóbregas y sufridas, y, como consecuencia, puedo testificar que las cadenas se rompen *(lee el séptimo tema para predicar)*.

La Biblia, en Joel 2:12, nos exhorta a convertirnos de nuestros malos caminos, aludiendo al ayuno como uno de los antídotos para el veneno del pecado. Además, nuestra reconciliación con Dios debe basarse en el arrepentimiento sincero, buscando las respuestas y la salida en cada oración que realicemos, las cuales, de igual manera, deben ser sinceras.

Quemar la ropa sucia: ¿Recuerdas lo que pasó con Sadrac, Mesac y Abed-nego? *(lee Daniel 3)*. Estos personajes fueron lanzados a un horno de fuego, no obstante, ellos no se quemaron. Sus vestiduras fueron perfumadas por el humo, pero sus cuerpos quedaron incólumes.

Acaba con todo aquello que te hace volver a las ataduras, con esto logras quemar las cadenas. Era oportuno que Sadrac, Mesac y Abed-nego fueran lanzados al horno de fuego, para evidenciar la grandeza de Dios. De la misma manera, todas las temporadas en nuestras vidas son fundamentales para que comprendamos la colosal gracia de Dios en nuestras vidas y cómo Él puede tomar lo sucio de la tierra para darle vida y sentarlo con los príncipes de su pueblo (Salmo 113:7-8).

¿Sabías que...?

En el relato bíblico del Diluvio, se menciona que el arca construida por Noé tenía tres pisos (Génesis 6:16). Según algunos teólogos, esta estructura de tres pisos simboliza la Trinidad en la religión cristiana: Padre, Hijo y Espíritu Santo. Esta es una interpretación que ellos han encontrado en la historia del arca.

7 – EL VALOR DEL AYUNO

En la enseñanza anterior mencioné que una de las herramientas eficaces para romper el yugo de la esclavitud es el ayuno. Desde mi punto de vista, el ayuno es una de las acciones en donde podemos encontrar respuestas y sabiduría para tomar decisiones, más allá de ser una práctica que, usualmente, es ejercida para romper cadenas.

Esta es una de mis enseñanzas favoritas, pues tengo una afición hermosa por el ayuno. Por ello, he querido aprender más sobre esta práctica. Por lo tanto, nos preguntamos: ¿Cuál es el valor del ayuno? ¿Cuál es su verdadero significado?

Ahora bien, Luis de Miguel, autor del estudio bíblico «La pregunta sobre el ayuno» en «Escuela bíblica», mencionó que debemos tener en cuenta que en el mundo existen muchas tradiciones y religiones que ejercen el ayuno de diversas maneras; sobre todo, lo practican de acuerdo con sus pautas y rutinas. Entonces, el ayuno no es una destreza atribuida única y exclusivamente a los judíos o cristianos. Por ello, conceptualizarlo puede ser subjetivo, dependiendo de la perspectiva de cada persona. En su texto, coloca como ejemplos: el ayuno musulmán, donde ayunan durante «El Ramadán»; así como el ayuno penetrante del hinduismo o la cuaresma católica. Incluso, alude a la famosa «Huelga de hambre pacífica» como una tradición como protesta.

Podemos mencionar también que hay personas que practican el ayuno para cuidar su salud o por meras cuestiones estéticas para cuidar su cuerpo *(lee el decimosexto devocional)*.

El ayuno es definido como una negación a complacer los deseos de la carne por un momento determinado, tales deseos como: comer alimentos, tener relaciones sexuales dentro del matrimonio o beber (aunque existen ayunos en donde se puede beber agua).

Sin embargo, aterrizando al campo objetivo y general, el ayuno debe definirse como una práctica transparente y sincera. Es decir, debe divisarse desde el punto de vista emocional y no desde el sacrificio carnal. Recordemos las palabras del fariseo en el templo, quien con altivez le repetía a Dios que él ayunaba dos días a la semana (Lucas 18:9-14). Asimismo, los fariseos ayunaban de acuerdo con su hipocresía, para ser bien vistos por el pueblo (Mateo 6:16).

Motivos por los cuales no debes ayunar:

Ayunar como reto: Muchos creen que el ayuno es un reto. Lo verdaderamente cierto es que no es relevante el dejar de comer alimentos lo que tiene excelencia, sino el tiempo que vamos a pasar con Dios. Si tu pensamiento a la hora de ayunar es simplemente abstenerte a comer alimentos, y no buscas a Dios, será inútil tu sacrificio.

El ayuno no es nada más que una intimidad con Dios por horas, solamente desde la «excusa» de estar crucificando la carne y priorizando nuestro compromiso con Dios (algo que debemos hacer siempre, no solo en ayunos o días planificados).

Me he reunido con algunas personas que me han dicho: «No puedo comer, porque estoy ayunando». Hermano, si has salido de la oración e intimidad con Dios, es inútil que te sigas absteniendo a comer alimentos, porque, en ese contexto, estás ayunando para ti y no para Dios.

Recuerdo haber leído una vez una frase que decía: «El ayuno sin oración es una simple dieta».

De la misma manera, hay personas que se retan a ayunar diversas horas, pero en la cuarta hora su compromiso deja de ser genuino, y empiezan a realizarlo por compromiso, pero no de corazón. Personalmente, no fijo una hora para culminar mi ayuno, porque cuando el Espíritu Santo nos toca, el tiempo es irrelevante.

Otro de los retos que afronta el cristiano al momento de ayunar es buscar la aprobación de los demás o porque alguien se lo está exigiendo. Lo correcto es ayunar de corazón, teniendo en cuenta que es una comunión santa que se tendrá con el Señor. La Biblia dice en Colosenses 3:23-24: «Y todo lo que hagáis, hacedlo de corazón, como para el Señor y no para los hombres; sabiendo que del Señor recibiréis la recompensa de la herencia, porque a Cristo el Señor servís». Además, 1 Corintios 16:14 expresa: «Todas vuestras cosas sean hechas con amor». No sirve de nada si se humilla el cuerpo, y no el corazón. Por lo tanto, si no es de corazón, será en vano.

Ayunar por arrogancia o simulación: Muchos creyentes ayunan con el fin de creerse mejores que sus hermanos. Como mencionaba anteriormente, los fariseos ayunaban para vanagloriarse ante el pueblo. Eso es lo que hacen hoy en día muchos cristianos, ayunan por cuestiones emocionales y soberbias, y no tanto para agradar a Dios. Por eso Jesús dijo que el ayuno debe ser en intimidad (Mateo 6:16-18).

Hermano, el ayuno no es una práctica de exaltación personal, sino de humillación. No es para que seamos superiores o mejores creyentes y adoradores, sino para reflejar nuestra debilidad. En el ayuno reflejamos nuestra confianza en Dios.

Ahora bien, comprendiendo los motivos que hacen que nuestro ayuno sea simulado y adulterado, aterricemos a las preguntas iniciales: ¿Cuál es el valor del ayuno? ¿Cuál es su importancia?

El ayuno abre nuestros ojos espirituales para recibir revelación y entendimiento, lo que hace que recibamos guía espiritual para saber qué pasos seguir en la vida (2 Crónicas 20:3). Cuando estamos atravesando por un momento en el que queremos que Dios obre en nuestra vida, el ayuno abre nuestros ojos para que observemos que Dios nos va a ayudar, porque no hay murallas que se resistan al poder del ayuno y la oración.

De la misma manera, el ayuno nos ofrece la potestad y autoridad espiritual sobre demonios y tentaciones. En pocas palabras, nos fortalece (Mateo 17:20-21). Es importante, porque ayuda a humillar los deseos carnales; por eso al ayuno también se lo conoce como «crucifixión de la carne».

Usualmente, ayunar es ideal para cuando hemos pecado ante Dios, y queremos perdón. Cuando Nínive se arrepintió, al Jonás predicarles, ellos ayunaron (Jonás 3:5). Con el ayuno tenemos la oportunidad de confesar nuestras transgresiones delante de Dios (Nehemías 9:1-2 y Daniel 9:3-4).

Como cristianos e hijos del Altísimo, dependemos de Dios; por lo tanto, ayunar es importante para buscar una respuesta divina o dirección (Ester 4:16). Personalmente, antes de iniciar un nuevo ciclo semestral en la universidad me someto a ayunar para tener orientación por parte de Dios. Por eso, antes de empezar cualquier proyecto en nuestras vidas, sometámonos a ayunar, con el fin de obtener la excelsa guía de nuestro Padre, como lo hizo Jesús, quien ayunó antes de principiar su ministerio (Mateo 4:1-2).

> **¿Sabías que...?**
>
> En Antiguo Testamento se menciona a una serpiente de bronce que Moisés levantó en un poste. Cuando el pueblo de Israel era mordido por serpientes venenosas, mirar la serpiente de bronce los curaba (Números 21:4-9). Esta historia ha sido vista como una predicción del sacrificio de Jesucristo en la cruz, quien, al aceptarlo, trae sanidad y la gloriosa salvación espiritual.

8 – COMPRENDIENDO LA CRUCIFIXIÓN DE JESÚS

¡La obra más hermosa y gloriosa la hizo Jesús en la cruz! ¡Hermanos, Jesucristo ya padeció lo que nosotros debíamos atravesar!

En la tradicional «Semana Santa» es común que el ser humano recuerde el majestuoso sacrificio de Jesús en la cruz, al igual que su resurrección. Sin embargo, siempre he estado en contra de que se concientice al hombre sobre este hermoso acto en una sola semana, cuando debemos recordar siempre el inmenso amor de Jesucristo al dar su vida por nosotros.

Una de las frustraciones más grandes que experimento es observar al hombre cómo espera ansiosamente las fechas de «Semana Santa», no tanto para reflexionar sobre sus pecados, sino para degustar las comidas típicas de esta tradición.

Y no, no estoy en contra de la tradición, sino de las actitudes que la humanidad emplea. Es inconcebible divisar a las personas afanarse por tener los ingredientes para preparar sus tradicionales recetas, y nunca dedicar un momento de oración, dando gracias a Jesús por ese amor tan grande que tuvo, tiene y tendrá hacia nosotros.

Quizá el hombre adopta este comportamiento porque desconoce el valor y significado del sacrificio incomparable de Jesucristo en la cruz. Su actitud demuestra que no están familiarizados con que Él ocupó el lugar que, inicialmente, nos correspondía. ¡Ellos deben conocer, comprender y valorar el sublime sacrificio de Jesucristo!

Esta es otra enseñanza especial para mí, cuando la prediqué marcó a las personas que me escucharon. Es una comprensión sobre la crucifixión de Jesús, por amor a nosotros, narrada en los Evangelios (Mt. 27:32-66, Lc. 23:26-49, Mc. 15:21-41 y Jn. 19:17-30).

Primero, notemos que los que pidieron la muerte de Jesús fueron los fariseos, quienes convencieron a muchas personas de liberar a Barrabás y entregar Jesús (Mateo 27:20). Posiblemente, lo hacían según su orgullo y envidia, pues ¿cómo un hombre nazareno podía hacer tantos milagros y ser amado por muchos, mientras que ellos, estudiados en la ley y considerados como «santos», ni siquiera podían ir en contra de su colosal arrogancia? Esa actitud los llevó a sentirse opacados por Jesús.

Además, es importante mencionar que todo lo que padeció Jesús era el cumplimiento de las profecías expuestas en el Antiguo Testamento *(lee el Salmo 22 e Isaías 53)*.

En segundo lugar, la Biblia menciona que un hombre llamado Simón de Cirene cargó su cruz (Marcos 15:21), pues Jesús reflejaba cansancio después de todo el recorrido que había hecho antes y después de ser apresado. Marcos dice que lo «obligaron»; quizá esto no le gustó a Simón, pero, por un instante, él evidenció lo que era cargar una cruz, al igual que todas las personas que fueron consumadas de esa manera.

Quizá al ser humano, en la actualidad, le hace falta evidenciar lo que es llevar una cruz para que, de esa manera, comprenda el valioso y sufrido sacrificio de Jesús. Pero... tranquilo, hermano, ya nuestro Señor lo hizo por nosotros. Ahora nos toca ser agradecidos.

Ahora bien, como tercer punto importante, la Biblia menciona que los soldados romanos jugaron con los atavíos de Jesús, echando suerte sobre ellos para ver con qué se quedaba cada uno (Juan 19:23) (Salmo 22:18). ¡Es sorprendente! ¿Cómo es posible que, teniendo a Jesús delante de ellos, se burlaran de Él? Si nos ponemos a discernir, es evidente que es una referencia al hombre en la actualidad, quienes, teniendo el llamado diario de Jesús, optan por rechazar y despilfarrar su vida en la sociedad. Al igual que los soldados romanos, quienes se conformaron con las vestiduras de Jesús, pudiendo haberlo aceptado como Rey, el ser humano se conforma con solamente creer. Con qué poco se regocijan. Hermano, ve más allá de una creencia, atrévete a comprometerte con Dios.

Posteriormente, Lucas menciona que uno de los dos malhechores que fueron crucificados en esa misma hora con Jesús, fue salvado (Lucas 23:39-43) *(lee el trigésimo octavo devocional)*. ¡Qué privilegio para aquel varón! Lo que era un día doloroso se convirtió en su mejor día. ¡Qué paradójico! El día de su condenación fue el momento de su liberación. Ahora bien, esto también refleja nuevamente el amor y compasión de Jesús, quien, incluso en su padecimiento y desolación, perdonó y recibió a un pecador en su Reino.

A continuación, Mateo citó las palabras de las personas que injuriaban a Jesús (Mateo 27:40). Esa exclamación de Jesús de derribar el templo y reconstruirlo en tres días, refleja su muerte (Él es el Templo) y su resurrección al tercer día. De la misma manera, las injurias provenían del diablo, quien quería evitar la muerte de Jesús, pues sabía que con eso su gobierno sería hollado.

Marcos menciona en su libro que los principales sacerdotes le exigían a Jesús bajarse de la cruz para creer en Él. Quizá con esto la Biblia nos expresa la situación de los incrédulos en la actualidad, quienes necesitan ver a Dios para creer en Él. Estoy seguro de que, si Jesús hubiese bajado de la cruz, no hubiesen creído y, quizá, atribuirían esa acción como una obra de Satanás, como usualmente solían decir cuando Jesús realizaba un milagro o señal en el nombre de Dios. Sin embargo, las profecías debían cumplirse sin ninguna interferencia.

Poco después, Lucas denota que las tinieblas rodearon la tierra (Lucas 23:44). Según el estudio bíblico, «Crucifixión y muerte de Jesús», de Luis de Miguel, las tinieblas expresaban la lobreguez en la que se encontraba el Maestro, aludiendo que este fenómeno representa la separación de Dios con el hombre (1 Juan 1:5).

Es decir, después de ese acontecimiento, Jesús quedaba completamente en soledad *(lee el trigésimo noveno devocional)*, de manera efímera. Él lo afirmó cuando dijo: «Dios mío, Dios mío, ¿por qué me has desamparado» (Mateo 27:46). Precisamente, cuando Jesús se refiere a Dios como «Dios mío» y no como «Padre», como normalmente lo hacía, dejaba en evidencia que cargaba nuestras culpas. Con esto, Jesús nos demuestra cuál era nuestro final, el cual no iba a ser temporal, sino perpetuo; no obstante, Él tomó nuestro lugar (2 Corintios 5:21).

Ahora bien, Lucas menciona que, antes de expirar, Jesús encomendó su espíritu al Padre (Lucas 3:46). Esto refleja que le pedía a Dios que aceptara el sacrificio que realizó para borrar los pecados de la humanidad. Por su parte, Juan citó las últimas palabras de Jesús: «Consumado es» (Juan 19:30). Con esto Él expresaba que su obra había concluido y que ya no se podía hacer nada más para salvarnos, pues ya Él lo había hecho todo.

Por último, como consecuencia de su sacrificio, los velos del templo se rasgaron (Mateo 27:51). Con este

> **¿Sabías que...?**
>
> La Biblia habla en Juan 20:7 sobre un sudario que había estado sobre la cabeza de Jesús en la tumba. Esta sábana se encontraba doblada. Para entender esta referencia, es necesario conocer la tradición hebrea en aquellos tiempos: Después de que un sirviente ponía la mesa para su amo, tenía que apartarse hasta que el dueño terminara. La tradición menciona que al final de la comida, el maestro se levantaba y se limpiaba con un pañuelo, el cual lo tiraba de su mesa. Esa servilleta encogida significa «Terminé». Ahora bien, si el amo se levantaba y dejaba el pañuelo doblado al lado del plato, era señal de que el maestro decía «Volveré».

evento, el templo quedaba abierto para todos, lo que simboliza su Reino (Hebreos 10:19-20). Entonces, hermano, acepta el hermoso sacrificio que Jesús hizo por amor a nosotros. En nadie más hay salvación, solamente en Él. Procura que en la tradición de «Semana Santa» tus pensamientos no se afanen por el alimento o la vestimenta, sino por valorar y respetar el amor sacrificial de Jesús.

EPÍLOGO

Ser cristiano y, al mismo tiempo, joven, a veces suele ser una tarea difícil de llevar. No obstante, como ser humano imperfecto que soy, admiro a aquellos que, a pesar de sus errores, deciden levantarse y seguir en la lucha constante contra su debilidad. Me asombra ver a muchas personas que anhelan encontrar la felicidad, pero no se atreven a buscarla; al menos no la buscan correctamente. Esa felicidad la encontramos solamente en nuestro Salvador: Cristo, aquel que dio su vida por amor.

A veces, para encontrar nuestra senda de victoria tenemos que atravesar muchos pantanos y laberintos de desesperanzas y desilusiones, pero, al final de nuestro recorrido, nos topamos con nuestra Roca inquebrantable: Jesucristo. El Evangelio es para los que tienen una fe colmada de osadía, para aquellos que, sin importar las tormentas, siempre confían en que Jesús está en su barca; para aquellos que, sin importar las caídas, quedarse en el suelo nunca es una opción.

Quiero agradecerte por haber sido partícipe de esta búsqueda de la Senda de Victoria, la cual la encontramos en nuestra devoción ferviente con Dios. En cada página, en cada frase y en cada bloque de texto hemos estudiado una cadena de lecciones meritorias y consejos prácticos. Espero que cada devocional y enseñanza hayan nutrido tu conocimiento y, sobre todo, la exhortación a predicar el Evangelio te haya concientizado.

Los devocionales transmitidos en este libro son poderosas herramientas que puedes llevar contigo en la cotidianidad para tu vida cristiana, aplicando lo que has aprendido para derribar cada óbice que impide que mantengas una relación apasionada con Dios, teniendo presente siempre que nuestra identidad la encontramos en la intimidad con el Padre. ¡Vamos, levántate y anuncia el Evangelio!

Por eso, hermano, te animo a leer y estudiar la Biblia diariamente para que tu entendimiento y discernimiento sean fortalecidos en la gracia y el amor de Cristo.

Gracias por confiar en este libro como una inspiración. No importa qué tan sucios o débiles podamos ser, Dios siempre limpia al necesitado y a los débiles los fortalece. Que este libro sea un recordatorio constante de por qué debemos mantener una relación vivificada con Dios, para que, de esa manera, transitemos con genuinidad, vehemencia y amor por nuestra Senda de Victoria.

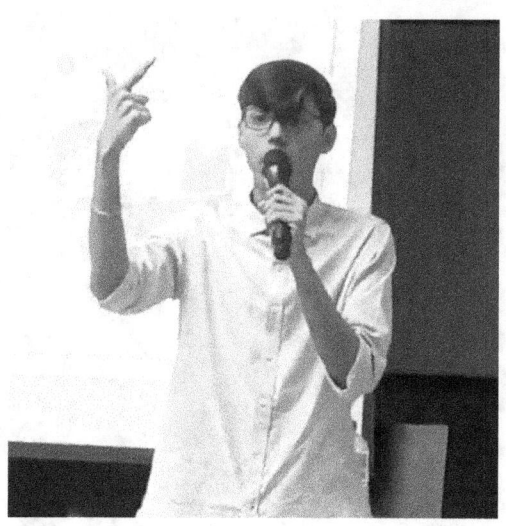

Acerca del Autor

Erick David Luna Rivera escuchó el glorioso llamado de Dios en la mañana del domingo 26 de mayo de 2019. Aunque su fecha de nacimiento en esta tierra fue el 11 de febrero de 2004, su vida tomó un giro radical en aquel día del encuentro con Jesucristo. Diariamente se centra en mejorar su relación con Dios a través de la oración y comunión con el Padre. De la misma manera, su pensamiento se ajusta en perfeccionar su léxico y escritura mediante su formación académica: Pedagogía de las Ciencias Experimentales Informática.

La pasión por compartir cada conocimiento que posee, especialmente del Evangelio, tuvo su génesis en 2019, poco después de haber aceptado a Jesucristo en su corazón. Erick destaca todas las vicisitudes que sucedieron después del llamado de Dios, ya que prioriza lo que dice la Biblia en 2 Corintios 5:17: «De modo que si alguno está en Cristo, nueva criatura es; las cosas viejas pasaron; he aquí todas son hechas nuevas».

En 2022 publicó una aplicación para Android, en donde evangelizaría mediante escritos, imágenes y versículos bíblicos. Erick se ha propuesto presentarle el Evangelio a su generación, puntualizando la importancia de esparcir la Palabra de Dios por el mundo. ¡A Dios sea toda la Gloria!

www.ingramcontent.com/pod-product-compliance
Lightning Source LLC
Chambersburg PA
CBHW071401210526
45465CB00001B/193